La qualité des services à la clientèle

Les Éditions Transcontinental inc.
1253, rue de Condé
Montréal (Québec) H3K 2E4
Tél. :   (514) 925-4993
          (888) 933-9884
Internet : www.logique.ca

Les Éditions de la Fondation de l'entrepreneurship
160, 76ᵉ Rue Est, bureau 250
Charlesbourg (Québec) G1H 7H6
Tél. :   (418) 646-1994
          (800) 661-2160
Internet : www.entrepreneurship.qc.ca

La collection *Entreprendre* est une initiative conjointe des Éditions de la Fondation de l'entrepreneurship et des Éditions Transcontinental afin de répondre aux besoins des futurs et des nouveaux entrepreneurs.

Rédaction : Alain Samson
Chargé de projet : Jacques La Rue
Mise en pages : Société-conseil Alain Samson
Conception graphique de la page couverture : Studio Andrée Robillard
Impression : Imprimeries Transcontinental inc. (Interglobe, Beauceville)

© Gouvernement du Québec, 1998

Dépôt légal — 1ᵉʳ trimestre 1998
Bibliothèque nationale du Québec
Bibliothèque nationale du Canada

ISBN 2-921681-94-3 (Les Éditions de la Fondation de l'entrepreneurship)
ISBN 2-89472-093-9 (Les Éditions Transcontinental)

Les Éditions Transcontinental remercient le ministère du Patrimoine canadien et la Société de développement des entreprises culturelles du Québec d'appuyer leur programme d'édition.

 papier recyclé

Préface

Dans le cadre des travaux du Sommet sur l'économie, le développement de l'entrepreneuship a clairement été identifié comme faisant partie des stratégies à privilégier afin d'accélérer la croissance économique et la création d'emplois au Québec. Bien que se lancer en affaires constitue un véritable défi, les premières années demeurent cruciales pour la survie des entreprises.

C'est pourquoi le ministère de l'Industrie, du Commerce, de la Science et de la Technologie (MICST), notamment par sa Direction de l'entrepreneurship et de la gestion d'entreprises (DEGE), entend soutenir de façon concrète les efforts des nouveaux entrepreneurs. Le Ministère a donc conçu et développé une série de 17 guides de gestion pour les aider à améliorer leur qualité de gestion et à prendre de meilleures décisions.

Ce projet d'envergure a nécessité la collaboration de nombreux partenaires. À cet égard, le Ministère est fier de s'associer à la Fondation de l'entrepreneurship, à la Banque Royale et aux Éditions Transcontinental pour vous offrir ces outils de gestion adaptés à la réalité vécue par les nouveaux entrepreneurs.

Face à la mondialisation de l'économie et à la concurrence accrue qui en découle, je suis persuadé que ces guides vous aideront à accroître la compétitivité de votre entreprise.

Roger Bertrand
Ministre délégué à l'Industrie et au Commerce

Remerciements

Nombreuses sont les personnes qui ont contribué à la publication de cette série de guides de gestion. L'empreinte de leur expertise se reflète dans le présent document et dans l'ensemble du projet.

Conception et coordination

Louis Faucher, conseiller à la DEGE (Direction de l'entrepreneurship et de la gestion d'entreprises), du ministère de l'Industrie, du Commerce, de la Science et de la Technologie (MICST) est le coordonnateur responsable de la mise en œuvre des guides, assisté de Jacques Villeneuve, conseiller à la même direction. Kim Lafleur, conseiller à la DEGE, est le mandataire du volet Entrepreneurship, et il a eu l'idée originale de ce projet.

Chargés de projets

Plusieurs professionnels de la Direction de l'entrepreneurship et de la gestion d'entreprises et de la Direction des marchés intérieurs du MICST ont développé le contenu de base de chaque thème. Leurs connaissances des préoccupations et des besoins en gestion des jeunes entreprises ont été un atout précieux pour l'élaboration du contenu de chaque guide.

Collaboration

Louise Bureau, secrétaire à la DEGE

Pierre Chantelois, conseiller à la DEGE

Gérald Dame, conseiller à la Direction des marchés intérieurs

André Deblois, coordonnateur d'activités de formation à la Fondation de l'entrepreneurship

Germain Desbiens, président-directeur général de la Fondation de l'entrepreneurship

Gaston Drolet, conseiller à la DEGE

Yves Dugal, conseiller à la DEGE

Patrice Gagnon, directeur général de l'ASAJEQ

Ruth Larouche, conseillère à la Direction régionale de Montréal

Jacqueline Rousseau, technicienne à la DEGE

Comité de lecture

Les commentaires et suggestions de nombreux conseillers des SAJE (Association des Services d'aide aux jeunes entrepreneurs du Québec, ASAJEQ) furent très appréciés quant au contenu professionnel des guides de gestion. Leur collaboration ainsi que celle de nombreux dirigeants d'entreprises contactés ont permis de rapprocher les outils de gestion développés et les besoins essentiels des jeunes entreprises.

Avant-Propos

Cet ouvrage fait partie intégrante d'une série de guides de gestion destinés à améliorer la performance des jeunes entreprises par l'autoformation à de sains principes de gestion. L'ouvrage est à l'image de l'entrepreneur d'aujourd'hui, le style est concis et la formulation facile d'approche.

Conçu pour aider les dirigeants de PME et les consultants en gestion, cet outil contient des informations essentielles ainsi que des conseils pratiques appuyés par des exemples concrets d'application. Les entreprises ciblées se retrouvent dans tous les secteurs d'activité, et elles ont moins de cinq années d'existence ; cette période étant considérée comme critique pour leur survie.

La Direction de l'entrepreneurship et de la gestion d'entreprises du ministère de l'Industrie, du Commerce, de la Science et de la Technologie est à l'origine de cette collection. Elle est le fruit de recherches, de lectures et d'expériences professionnelles des différents auteurs et rédacteurs. De plus, cet outil de gestion répond bien aux attentes des dirigeants et intervenants qui ont validé le contenu de chacun des guides.

Louis Faucher
Conseiller en gestion
Coordonnateur du projet

Gouvernement du Québec
Ministère de l'Industrie, du Commerce, de la Science et de la Technologie
Direction de l'entrepreneurship et de la gestion d'entreprises

La Fondation de l'entrepreneurship

Mise sur pied en 1980, la Fondation de l'entrepreneurship est un organisme québécois sans but lucratif dont la mission s'énonce comme suit : « Identifier, libérer et développer le potentiel entrepreneurial des personnes et créer les conditions favorables au plein épanouissement de cet immense potentiel. »

Ainsi, pour aider les personnes à lancer et à gérer leur entreprise, la Fondation a créé Les Éditions de la Fondation de l'entrepreneurship, qui éditent et diffusent du matériel de sensibilisation, de formation et d'information spécialisé sur l'entrepreneurship. En plus de tous les titres de la collection *Entreprendre*, les Éditions de la Fondation de l'entrepreneurship ont élaboré des questionnaires d'évaluation du potentiel entrepreneurial, des vidéogrammes et un coffret d'audiocassettes portant sur le marketing.

Outre l'édition, le registre des actions de la Fondation de l'entrepreneurship est des plus étendus : colloque annuel, site Internet, projet de parrainage d'entrepreneurs, support financier à des activités de promotion, sensibilisation des décideurs publics et privés, sans oublier l'Institut d'entrepreneurship qui veille à ce que la formation en entrepreneurship occupe la place appropriée à tous les niveaux d'éducation au Québec, de la maternelle à l'université.

La Fondation de l'entrepreneurship s'acquitte de sa mission grâce au soutien financier d'organismes publics et privés. Elle rend un hommage particulier à ses trois partenaires :

• Hydro-Québec

• Caisse de dépôt et placement du Québec

• Mouvement des caisses Desjardins

Elle remercie également ses gouverneurs : Bell, l'Union des municipalités régionales de comté du Québec, le Centre de développement économique et urbain de la ville de Québec, le Fonds de solidarité des travailleurs du Québec (FTQ), la Société québécoise de développement de la main-d'œuvre, Télésystème National ltée, Martin International, le Service du développement économique de la Ville de Montréal ainsi que le Réseau des femmes d'affaires du Québec inc.

La qualité des services à la clientèle

«La qualité des services à la clientèle» a été réalisé par la Société-conseil Alain Samson, pour le compte du ministère de l'Industrie, du Commerce, de la Science et de la Technologie.

Si le feu est pris...

Les propriétaires de jeunes entreprises ont rarement le temps de se tourner les pouces et ne sont pas nécessairement prêts à lire tout un guide pour répondre à une question précise. Nous comprenons que vous soyez pressé.

Si vous n'avez pas le temps de lire l'ensemble de ce guide de gestion, répondez aux questions suivantes et consultez les réponses à la page suivante. On vous y indique immédiatement les numéros de pages qui vous concernent.

Vous pourrez entreprendre une lecture complète par la suite, quand l'incendie aura été maîtrisé.

1. Ce que vous offrez à vos clients et que vos concurrents n'offrent pas (pour l'instant) s'appelle un avantage concurrentiel.

Vrai ❑   Faux ❑

2. Quand les ventes sont à la baisse, il faut immédiatement concevoir une bonne campagne de publicité. C'est ainsi qu'on attire les clients.

Vrai ❑   Faux ❑

3. Le nombre de clients insatisfaits est si faible qu'il ne sert strictement à rien de mettre au point une démarche de qualité du service au sein de mon entreprise.

Vrai ❑   Faux ❑

4. Pour moi, un client est considéré satisfait lorsque je peux lui faire la preuve qu'il a payé moins cher qu'ailleurs.

Vrai ❑   Faux ❑

5. Pour évaluer les attentes des clients, il faut dresser le portrait du client moyen. C'est en s'adressant à lui et en s'assurant de sa satisfaction qu'on garantira celle de l'ensemble de notre clientèle.

Vrai ❑   Faux ❑

6. Favoriser un climat de travail positif est essentiel si l'on souhaite satisfaire pleinement ses clients. En effet, il est difficile d'avoir des clients heureux si l'on n'a pas des employés heureux.

Vrai ❑   Faux ❑

7. J'ai de grands projets pour mon entreprise, mais je ne les raconte pas à mes employés. C'est normal. Si je leur fais part de mes rêves, et que ceux-ci ne sont pas atteints, leur estime à mon égard baissera rapidement.

Vrai ❑   Faux ❑

8. Pour garder les employés motivés, il faut que les normes de satisfaction que je leur impose soient réalistes. S'ils se révèlent incapables de les atteindre, ils se décourageront.

Vrai ❑   Faux ❑

9. Les clients qui retournent des articles sont généralement mal intentionnés. C'est pourquoi j'ai élaboré des procédures qui me permettent de rendre difficiles les remboursements ou les retours de produits.

Vrai ❑   Faux ❑

10. Les employés à temps partiel ne restent jamais bien longtemps à mon emploi. Il serait donc ridicule de les intégrer à mon plan de formation. Qui sait s'ils ne travailleront pas pour mon concurrent l'an prochain? Je ne veux pas payer pour que mon concurrent ait des employés plus performants.

Vrai ❑   Faux ❑

Les réponses figurent à la page suivante.

Réponses aux questions

Question 1
C'est tout à fait vrai. Si vous n'offrez rien de plus, pourquoi les clients de vos concurrents changeraient-il de fournisseur? Pour cette raison, il vous faut connaître les différents avantages concurrentiels disponibles et procéder à une analyse de vos concurrents. Nous traiterons de ces sujets aux pages 8 et 13.

Question 2
Si vous avez répondu «vrai» à cette question, vous devez prendre garde à ne pas «acheter» vos clients plutôt que de les gagner. Pour en apprendre plus à ce sujet, passez immédiatement à la page 9.

Question 3
Savez-vous que la grande majorité des clients insatisfaits ne portent jamais plainte? Vous ne pouvez prétendre que seuls ceux qui portent plainte n'ont pas apprécié vos services. L'insatisfaction de la clientèle coûte très cher. Rendez-vous à la page 10 et découvrez-en les coûts.

Question 4
Si vous avez répondu «vrai», ce guide de gestion peut vous aider. Le prix n'est qu'une des dimensions sur lesquelles se base le client pour déterminer s'il est satisfait ou non de votre prestation. Consultez la page 11 et apprenez-en plus à ce sujet.

Question 5
C'est faux! Vous apprendrez à la page 14 que le client moyen n'existe plus. Pour vous assurer de la satisfaction de votre clientèle, vous devez la diviser en groupes de clients qui ont des attentes et des besoins différents.

Question 6
C'est tout à fait vrai! L'employé insatisfait ou inquiet ne peut utiliser qu'une partie de sa capacité à satisfaire votre clientèle. Vous vous devez d'analyser sa motivation, son degré d'autonomie, ses compétences, les outils qu'il est appelé à utiliser, sa compréhension de la vision de l'entreprise et ses objectifs personnels. Si vous avez répondu «faux» à cette question, rendez-vous à la page 16.

Question 7
Si vous avez répondu «vrai» à cette question, vous ne tenez compte que d'une partie de l'équation. L'employé qui sait où se dirige l'entreprise n'est plus un simple observateur. Il devient un partenaire important dans le développement de votre organisation. Apprenez à parler de votre rêve et des valeurs qui le soustendent. L'atteinte des objectifs deviendra alors un travail de groupe. Pour énoncer la mission de votre entreprise, passez à la page 19.

Question 8
Vous avez raison. Une norme qui n'est pas réaliste ne peut mobiliser vos employés. Le développement de normes de service doit respecter une démarche rigoureuse. Si vous avez répondu «faux» à cette question, passez à la page 31.

Question 9
Si vous avez répondu «vrai» à cette question, vous risquez de mettre de l'avant des politiques et des procédures qui nuiront à la croissance de votre entreprise. Faites un petit saut à la page 27 et apprenez-en plus sur ce délicat sujet.

Question 10
C'est complètement faux. Même s'ils travaillent à temps partiel, ces employés ont des chances de mieux s'épanouir s'ils sont bien formés. Ils resteront plus longtemps à votre emploi. Mais rappelez-vous que des employés à temps partiel bien formés ne vous feront pas perdre de clients entre-temps. Passez à la page 29 et voyez ce qu'il en est.

Vous êtes le patron!

Sans blague, vous n'avez pas à suivre ces réponses à la lettre ou à lire ce guide de gestion en entier.

Vous pouvez également choisir des pages au hasard. Chaque page a été conçue pour constituer un texte autonome.

Partez à la découverte de ce guide de gestion comme il vous plaira. Vous êtes le patron!

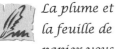
Table des matières

Activités d'introduction

Questionnaire «Si le feu est pris»   **1**

Réponses aux questions   **2**

Table des matières   **3**

Mise en situation   **5**

Quelques petites questions...   **6**

La qualité des services   **7**

Les notions de base

Pourquoi être différent?   **8**
Le temps • Le prix • Le crédit • Le produit • Le service • La relation

Les avantages de la satisfaction   **9**
La valeur d'un client? • Les autres avantages

Les coûts de la non-qualité   **10**
Choisir de les satisfaire • Choisir de les ignorer • La cause

Le mécanisme de satisfaction   **11**
Les points de contact • Les répercussions • Quelques principes

Bloc d'activités   **12**

L'analyse

Les clients et leurs attentes   **13**
La segmentation de la clientèle • Les attentes des clientèles desservies

Connaître ses concurrents   **14**
Les concurrents directs • Les concurents indirects

La satisfaction des clients   **15**
La démarche • Un exemple • L'analyse concurrentielle

Le climat de travail   **16**

Table des matières (suite)

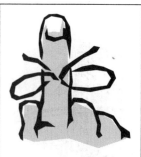

L'analyse des processus   17
Les processus internes • Les processus externes
• L'analyse des processus

Bloc d'activités   18

La décision

Votre mission, si vous l'acceptez...   19

Le concept de service   20

Des normes de service   21

Une promesse   22

Les objectifs d'amélioration   23

Les zones d'intervention   24

La tête, le cœur et les bras   25

L'implantation et le contrôle

La révision des processus   26

Les politiques et les procédures   27

Les équipements et les aménagements   28

Et les employés dans tout ça?   29

Les mécanismes d'évaluation   30

Bloc d'activités   31

Références et activités d'intégration

Suggestions d'activités   32

Le questionnaire   33

Ce guide en bref   34

Suggestions de lecture   35

Les bonnes adresses   35

Rappelez-vous que vous n'avez pas à lire ce guide de gestion dans l'ordre suggéré.

Vous pouvez également vous concentrer aux questions de la page 1 et, en consultant leur réponse, ne lire que les sections qui vous sont les plus utiles pour l'instant.

Mise en situation

Vous allez maintenant faire la connaissance de Marylène, une consommatrice qui songe à acheter un nouvel ordinateur.

Après avoir lu la publicité d'un détaillant, elle se présente chez celui-ci dans l'espoir d'y trouver ce qu'elle cherche.

Suivons-la et demandons-nous, à la lecture de ce cas, ce que le propriétaire du commerce aurait pu faire pour améliorer l'expérience d'achat de sa cliente.

Marylène avait décidé de changer son ordinateur. Son vieil appareil la satisfaisait toujours, mais ses enfants utilisaient des jeux et se livraient à des performances de plus en plus complexes qui exigeaient l'acquisition d'un modèle plus récent.

Si elle avait choisi de se rendre chez Informatique Lemire, c'est parce que ce commerce avait fait paraître une publicité très attirante dans le journal local. L'annonce vantait les prix, la compétence technique et la disponibilité du personnel.

Après avoir cherché pendant une vingtaine de minutes un emplacement pour garer sa voiture, Marylène arriva enfin au commerce. Elle remarqua immédiatement que la vitrine était sale, mais, se dit-elle, c'est tout à fait normal sur une artère commerciale aussi achalandée.

Elle pénétra à l'intérieur. Ce qui lui semblait être l'unique vendeur des lieux était en compagnie d'un client. Devant eux était placé un ordinateur démonté et ils semblaient chercher la cause d'un mauvais fonctionnement. Trop occupé par le problème, le vendeur ne regarda même pas Marylène.

Celle-ci ne s'en formalisa pas. Elle détestait les vendeurs trop collants. Elle commença à visiter les rayons, ses yeux allant des modèles en montre jusqu'aux étiquettes de prix. Il lui semblait qu'un ordinateur très performant lui coûterait aujourd'hui moins cher que le dinosaure qu'elle avait chez elle.

Tout en continuant sa visite des lieux, elle écoutait distraitement le dialogue des deux hommes. Le client lui semblait vraiment en colère : «Écoutez... Ça fait trois fois que je le rapporte. Chaque fois, vous me dites qu'il est réparé, mais quelques jours plus tard, les problèmes resurgissent. Qu'entendez-vous faire pour moi aujourd'hui?

- J'ai trouvé le problème. Je vais changer votre contrôleur de disque dur. Vous n'aurez plus de problème après cela.

- J'aimerais mieux que vous me donniez un autre appareil. C'est un citron que vous m'avez vendu. Un citron.»

Arrivée au bout de l'allée, Marylène figea sur place. Devant elle, sur une tablette de bois recouverte d'un tissu à carreaux, se trouvait une copie exacte de son vieil ordinateur! Elle s'en approcha pour vérifier. Aucun doute. C'était bien celui-là. L'étiquette jaunie aux coins retroussés lui prouvait par ailleurs que l'appareil se trouvait sur cette tablette depuis bien longtemps.

Que se passait-il au juste dans ce commerce? Comment se faisait-il qu'un vieil ordinateur côtoie ainsi les modèles plus récents? Se pouvait-il que tous les appareils en montre soient démodés? Comment pouvait-elle s'en assurer? Elle regretta un instant de ne pas s'être fait accompagner par un connaisseur.

Derrière elle, le vendeur achevait de refermer le couvercle de l'ordinateur endommagé pendant que le client continuait à maugréer. C'était clair : il aurait préféré repartir avec un appareil neuf.

«Ça va encore pour cette fois, mais je vous avertis que si j'ai un autre problème avec cet ordinateur, je me rends directement à la protection du consommateur et j'exige un remboursement intégral.

- Ne vous en faites pas. Vous n'aurez plus aucun problème.»

Marylène passa devant la caisse. Une affiche y proclamait le souci du commerce de satisfaire sa clientèle et, en grosses lettres, les 10 droits du consommateur. Au bas de l'affiche, une photo du propriétaire était accompagnée du message : «Si vous trouvez un meilleur prix ailleurs, dites-le-nous et nous vous ferons un meilleur prix encore!»

Marylène s'était promis de procéder à l'achat et d'installer l'appareil avant l'arrivée des enfants. Mais curieusement, elle avait maintenant perdu l'envie de changer d'ordinateur.

Elle poussa la porte et sortit dans la rue, suivie du client insatisfait avec son citron dans les bras.

Quelques petites questions...

1. Résumez en quelques mots la mise en situation.

_____

_____

_____

2. Croyez-vous que Marylène est arrivée dans ce commerce avec l'idée d'acheter? Quel indice vous le laisse croire?

_____

_____

_____

3. Comment se fait-il qu'elle n'a même pas attendu que le vendeur se libère avant de quitter les lieux? Marylène est-elle une mauvaise cliente?

_____

_____

_____

4. Pouvez-vous relever quatre faiblesses chez Informatique Lemire? Justifiez votre réponse.

_____

_____

_____

5. Le propriétaire du commerce, Lucien Lemire, n'est pas satisfait de son chiffre de ventes. Que suggérez-vous pour améliorer la rentabilité de sa boutique informatique?

_____

_____

_____

6. Le vendeur du commerce vous donne-t-il l'impression de faire un bon travail? Justifiez votre réponse.

_____

_____

_____

7. Avez-vous déjà vécu de telles situations dans votre commerce? Racontez.

_____

_____

_____

8. Quel conseil donneriez-vous à Marylène si elle vous demandait votre avis?

_____

_____

_____

_____

9. Comment auriez-vous réagi à la place de Marylène?

_____

_____

_____

_____

10. Dressez la liste de tous les points de contact de Marylène avec ce commerce. Indiquez ensuite si le contact a produit un effet positif ou négatif.

_____

_____

_____

_____

Ce symbole indique qu'il est temps de travailler. Si vous êtes en groupe, accordez à chacun quelques minutes pour répondre aux questions et ouvrez ensuite une discussion.

Vous verrez que vous n'avez pas tous retenu les mêmes aspects de la mise en situation que vous venez de lire.

Si vous lisez ce guide de gestion à la maison ou au bureau, prenez tout votre temps mais n'hésitez pas, si cela vous tente, à faire lire la mise en situation par un ou une collègue puis à comparer vos réponses.

Une bonne discussion vous permettra de faire surgir de nouvelles idées.

La qualité des services

Les consommateurs sont de plus en plus sélectifs et mieux informés. Ils ont souvent le choix entre de nombreux produits semblables offerts à des prix similaires.

Pour se démarquer, les jeunes entreprises doivent créer une valeur ajoutée pour les produits et services qui existent sur le marché.

Un service de haute qualité peut permettre à une jeune entreprise de se démarquer dans un marché de plus en plus concurrentiel.

Nous vous félicitons d'avoir choisi de consulter ce guide de gestion. Beaucoup de propriétaires de jeunes entreprises s'y refuseront. Ils ne se croient pas prêts. Ils se disent que, tôt ou tard, ils devront se pencher sur la qualité du service dans leur entreprise, mais que ça se fera quand le temps sera venu, quand le chiffre d'affaires aura crû et qu'ils auront un peu de temps à eux.

Toutefois, pendant ce temps, des clients quittent le commerce sans acheter, insatisfaits du service qu'ils ont reçu, et ne se privent pas pour raconter leurs expériences fâcheuses à leurs collègues ou aux membres de leur famille. Petit à petit, ce qui devait être un chiffre d'affaires en hausse constante se transforme en plateau sans croissance, qui se met lentement à régresser.

La raison d'être de ce guide de gestion, c'est de vous aider à améliorer le potentiel que détient votre entreprise au chapitre de la satisfaction et de la fidélisation de ses clients. Il en va de sa survie! Vos autres décisions concernant l'assortiment, la promotion et la gestion financière sont certes importantes, mais sans une clientèle satisfaite, votre succès ne peut être garanti.

Pour mieux vous aider, ce guide a été divisé en quatre blocs.

Les notions de base
Le premier bloc est consacré aux notions de base qui serviront tout au long de ce guide de gestion. Nous y traiterons du coût de la non-qualité, des moyens à votre disposition pour vous distinguer de vos concurrents, des avantages reliés à une clientèle satisfaite et des mécanismes qui font qu'un client se déclare satisfait ou non au moment d'acheter chez vous.

L'analyse
Notre deuxième bloc traite de la première étape d'une démarche axée sur la qualité du service. C'est le stade où vous découvrirez les caractéristiques, les forces, les faiblesses et les embûches permettant d'établir un diagnostic complet de votre relation avec vos clients, du climat de travail qui prévaut dans votre entreprise et des systèmes créateurs de satisfaction ou d'insatisfaction.

La décision
Une fois l'analyse effectuée, la tentation peut être grande de vous lancer tout de suite dans l'implantation d'un nouveau système. Mais il ne faut pas le faire immédiatement.

C'est plutôt le temps de mettre au point une stratégie de service et vous devez, pour ce faire, élaborer la mission de votre entreprise, définir un concept et des normes de service, établir une promesse et vous doter d'objectifs d'amélioration et d'intervention.

L'implantation et le contrôle
Notre dernier bloc traite de l'implantation de la démarche de qualité et de son contrôle. Nous en profiterons également pour énumérer les éléments garantissant le succès de cette démarche.

Et ce n'est pas tout!
Tout un programme en perspective. Mais ce n'est pas tout! Vous trouverez intercalées, entre chacun de ces blocs, des propositions d'activités qui vous permettront de tisser des liens entre les concepts présentés et ce que vous vivez, chaque jour, dans votre entreprise.

N'hésitez pas à faire ces activités. C'est en intégrant la théorie à la pratique quotidienne que vous profiterez de la matière contenue dans ce guide de gestion. Tant que les concepts demeurent sur le papier, il ne servent à rien. Mais dès qu'un entrepreneur ou une entrepreneure décide de les mettre en pratique, de grands changements peuvent survenir dans notre paysage économique!

Pourquoi être différent?

Votre entreprise est jeune et vous êtes en train de vous bâtir une clientèle. Pourquoi, selon vous, un client qui achète déjà ailleurs déciderait-il d'acheter dans votre commerce si vous offrez les mêmes produits aux mêmes prix?

Pour qu'il devienne client chez vous, vous devez lui offrir davantage que ce qu'il obtient chez son fournisseur actuel. Ce petit plus que vous lui offrirez, c'est un **avantage concurrentiel**. En voici quelques-uns.

Le temps

Pour beaucoup de clients, le temps est compté. Maris et femmes travaillent chacun de leur côté, ils courent chercher les enfants à la garderie à la fin du travail et passent ensuite de trop courtes soirées ensemble. Si vous êtes en mesure de leur faire gagner du temps (emplacement facile à trouver, attente réduite à la caisse, courts délais d'approvisionnement, etc.), ils arriveront en grand nombre chez vous. Le seul hic avec cet avantage concurrentiel, c'est qu'au bout d'un certain temps, les concurrents imiteront votre nouvelle façon de faire et vous devrez trouver une nouvelle façon de vous distinguer.

Le prix

C'est un avantage que vous pouvez acquérir en adoptant une politique de prix concurrentielle et en offrant régulièrement des soldes et des «loss-leaders». Si vous disposez du pouvoir d'achat qui vous permet d'offrir de meilleurs prix sans réduire votre marge bénéficiaire à zéro, voilà un puissant moyen de vous distinguer.

Le problème, c'est qu'il y aura toujours un concurrent qui vendra moins cher que vous. L'avantage du prix ne suffit pas à vous garantir une clientèle fidèle.

Le crédit

Nous avons vu fleurir au cours des dernières années les promotions qui attirent les clients en leur promettant de ne rien devoir payer avant 12 mois. Un plan de crédit adapté à leurs besoins peut vous aider à attirer une clientèle, mais si vous mettez au point une nouvelle formule qui vous permet de vous distinguer, les concurrents ne tarderont pas à la copier et vous devrez trouver autre chose.

Le produit

Êtes-vous un généraliste ou un spécialiste? Dans le premier cas, vous tiendrez un grand nombre de gammes de produits tandis que dans le second, vous axerez votre offre sur les produits que vos concurrents ne gardent pas en tablette.

Le spécialiste peut attirer des clients qui viennent de loin tandis que le généraliste satisfera les besoins élémentaires des clients locaux. Selon les choix que vous faites, vous vous adresserez au client qui achète rapidement sans poser de questions ou à celui qui a besoin de conseils pour l'acquisition d'un produit donné. Mais attention! Si vous faites trop de vagues avec un produit exclusif, les concurrents éveillés ne tarderont pas à l'offrir également.

Le service

Le service, c'est tout ce que vous offrez en plus du produit générique que vous tenez en stock. C'est le service de couture dans la mercerie, le programme de formation dans le commerce d'informatique, le programme de garantie prolongée chez le concessionnaire automobile ou le marchand de meubles. Finalement, c'est tout ce qui vient enrichir votre offre aux yeux des consommateurs.

Il est possible de vous distinguer en offrant un produit que vos concurrents n'offrent pas, mais si vous obtenez le moindre succès, ils ne tarderont pas à vous imiter.

La relation

La qualité de la relation est perçue par le client par l'impression qui lui est transmise. C'est l'ambiance générale d'une transaction avec lui. C'est un *happening* à chaque nouvelle transaction.

C'est le seul élément qui puisse permettre de vous distinguer de vos concurrents. Cet élément est unique parce qu'il est intangible. Pourtant, il favorise la fidélité du client parce que basé sur l'établissement de liens personnels entre les clients et le personnel en contact. La qualité de la relation sera à l'origine de la fidélisation de votre clientèle au cours des prochaines années.

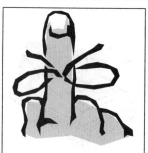

La course infernale

Mis à part la qualité de la relation que vous offrez, tous les avantages concurrentiels que vous êtes susceptible de mettre de l'avant risquent d'être rapidement copiés par vos concurrents.

Cette dynamique vous poussera à concevoir de nouveaux avantages qui seront également copiés par les autres ou à créer une relation qui vous singularisera aux yeux de vos clients.

Il vous faut, bien sûr, offrir un produit de qualité à bon prix, mais sans un bon contact avec le client, vous aurez de la difficulté à fidéliser votre clientèle.

Les avantages de la satisfaction

Achetez-vous vos clients?

Beaucoup d'entre-preneurs croient, à tort, que les clients s'achètent.

Si leurs ventes sont en baisse, ils inon-dent les médias, of-frent des produits au prix coûtant et attirent ainsi des clients en espérant qu'ils reviendront magasiner chez eux.

Rien n'est moins sûr. Les clients ne s'achètent pas; ils se gagnent. Ce n'est pas une petite réduction qui les fidélisera. Seule une expé-rience d'achat agréable et valori-sante les fera reve-nir.

Un client satisfait aura tendance à vous faire profiter de son pouvoir d'achat lorsqu'il aura de nouveau besoin du produit ou du service que vous offrez. Mais avant de présenter les avantages que procure ce sentiment de satisfac-tion, demandez-vous un instant combien vaut un client.

La valeur d'un client
Imaginez un instant que vous êtes coiffeur et qu'une nouvelle cliente se présente dans votre commerce. Il existe deux façons d'estimer sa valeur :

* Vous pouvez la considérer comme valant 40 $. À ce moment, vous la servirez rapi-dement en lui offrant le même service qu'elle trouve habituellement ailleurs.

* Vous pouvez également vous dire qu'elle représente une somme de 40 $ par semaine pendant les 10 prochaines années, ce qui fait 20 800 $. Dès lors, vous ferez en sorte qu'elle ne retourne pas chez son coiffeur habituel la semaine prochaine.

L'entrepreneur qui pense à court terme empo-chera son 40 $ en offrant le service de base. Celui qui voit plus loin, celui qui connaît la valeur potentielle de cette nouvelle cliente, fournira quelques efforts supplémentaires afin de faire vivre à cette dernière une expérience mémorable qui la fera revenir dans son salon de coiffure.

Dans le premier cas, une transaction honnête sera conclue. Dans le second, des liens seront tissés. Ce guide de gestion vise justement à vous aider à tisser ces liens.

Un client vaut plus que cette seule petite tran-saction que vous avez sous les yeux. Si vous gardez une vision à court terme, vous serez constamment à la recherche de clients et vous ne pourrez compter sur une clientèle stable vous assurant un chiffre d'affaires satisfaisant.

Les autres avantages
Investir dans la satisfaction de la clientèle est donc financièrement judicieux. Mais les achats qu'un client satisfait et fidélisé fera chez vous ne constituent pas tous les avantages que vous

retirerez d'un programme de satisfaction de la clientèle. Voici trois autres dividendes qui en découlent :

* Un client satisfait réduit vos coûts de pu-blicité. Un client satisfait et fidélisé est moins perméable aux publicités de vos concurrents. C'est chez vous qu'il ira en premier lieu quand il éprouve un besoin que vous êtes en mesure de satisfaire. Vous pourrez alors consacrer votre budget de publicité à la conquête de nouveaux clients.

* Un client satisfait réduit vos risques d'af-faires. S'il vous a toujours bien payé dans le passé, vous savez que son chèque sera également bon cette fois-ci. S'il a toujours accepté les biens qu'il commandait, vous savez que le produit qu'il commande au-jourd'hui ne vous sera pas retourné. Avec un client satisfait, vous pouvez dormir sur vos deux oreilles.

* Un client satisfait est un ambassadeur. Se-lon la U.S. Direct Selling Education Foun-dation, les consommateurs satisfaits font connaître leur satisfaction à au moins cinq autres personnes. C'est donc dire que cha-cun de vos clients satisfaits pourrait vous aider à gagner les faveurs de cinq autres clients. Voilà un puissant effet multiplica-teur qu'une jeune entreprise ne doit pas négliger.

C'est sur une clientèle fidélisée que se construit un commerce solide et prospère. Trop d'entre-preneurs l'ont oublié et c'est à vous d'en profi-ter.

Les coûts de la non-qualité

De la même façon que la satisfaction de la clientèle peut vous rapporter gros, son insatisfaction peut se révéler très coûteuse. Pour compléter le thème précédent, demandez-vous maintenant quels dangers attendent ceux et celles qui ne se soucient pas de la qualité des services qu'ils offrent à leur clientèle.

Chaque fois que vous devez reprendre une activité parce qu'elle comporte une erreur, vous faites de la non-qualité. La non-qualité peut revêtir plusieurs formes (livraison de la mauvaise marchandise ou d'un produit défectueux, erreur de facturation, pas de sourire échangé lors d'un achat, etc.), et chacune influence le consommateur.

La majorité des clients insatisfaits ne diront rien. Ce sont d'ailleurs les plus dangereux. En effet, en règle générale, il y a de fortes chances que vous vous rendiez compte de leur insatisfaction bien longtemps après que soit survenu l'événement qui a causé celle-ci. À ce moment, il ne feront peut-être même plus partie de votre clientèle.

D'autres, par contre, viendront porter plainte et ce sera à vous de les satisfaire ou de les ignorer. Voyons ce qu'il vous en coûtera dans chacun de ces cas.

Choisir de les satisfaire
Si vous choisissez de satisfaire un client qui porte plainte, vous devrez encourir les frais suivants :

- Le temps de l'employé ou des employés qui répareront l'erreur;
- Les coûts administratifs;
- Le coût de la marchandise que vous remplacerez;
- Le coût de transport;
- Les frais de téléphone lors des contacts avec le fournisseur.

Il faut également tenir compte des coûts indirects d'un tcl événement. Le vendeur qui doit, en début de journée, faire face à un client mécontent, risque de voir son humeur fortement affectée. Son rendement a de bonnes chances de diminuer pendant une partie de la journée.

Au bout du compte, vous n'aurez pas fait de profit sur cette vente, mais le client étant satisfait, vous n'aurez pas perdu sa clientèle et il sera de retour d'ici un bout de temps. Libre à vous, à ce moment, de le servir efficacement.

Choisir de les ignorer
Si vous décidez de ne pas satisfaire le client, les seuls coûts directs que vous aurez à encourir sont ceux du personnel qui gérera la situation.

À la limite, vous devrez vous défendre à la Cour des petites créances ou à l'Office de la protection du consommateur.

Rappelez-vous cependant qu'un client mécontent risque par la suite de vous faire perdre 13 autres clients.

La cause
Et dire que tout ça a eu lieu parce qu'un bon de commande a été mal rempli, parce qu'un livreur n'a pas pris le temps de vérifier les marchandises qu'il s'apprêtait à livrer, parce qu'un vendeur a commis une erreur d'addition lors de la rédaction d'une facture ou parce qu'un caissier ne souriait pas lors du passage du client au comptoir-caisse.

Et combien en aurait-il coûté de livrer la bonne marchandise, de bien faire l'addition, de s'assurer que le bon de commande était bien rempli ou de sourire au client? Dans la majorité des cas, le coût aurait été inexistant.

Le coût requis pour satisfaire les clients dès le départ est souvent infime par rapport aux coûts du service après-vente ou à la perte de revenu engendrée par l'insatisfaction d'un client. Il suffit de bien faire les choses la première fois.

Ça coûte cher!

Selon la U.S. Direct Selling Education Foundation,

- *96 % des clients insatisfaits ne disent rien, mais 90 % d'entre eux ne renouvelleront pas leur expérience au même endroit;*

- *les consommateurs insatisfaits racontent leurs déceptions à au moins 13 personnes.*

Les conséquences d'un mauvais service sont donc importants. Il faut cinq fois plus de temps, d'argent et d'effort pour attirer un nouveau client que pour garder un client existant.

Le mécanisme de satisfaction

Une question d'écart

Pour déterminer s'il est satisfait ou insatisfait de son expérience d'achat dans votre entreprise, le client mesure l'écart qui existe entre ses attentes et ce qu'il a effectivement reçu.

Si ses attentes ont été comblées ou dépassées, il se déclarera satisfait.

Si ce n'est pas le cas, il ne reviendra peut-être jamais chez vous.

L'essentiel de la démarche proposée dans ce guide étant de s'assurer de la satisfaction de la clientèle, il serait intéressant de mieux comprendre la signification de ce concept.

La satisfaction, c'est un sentiment qui anime votre client après qu'il soit entré en contact avec votre entreprise. Ce sentiment est le résultat de l'addition des effets qu'ont eus sur lui tous les points de contact avec votre entreprise.

Les points de contact
Un point de contact, c'est un moment où le client et votre entreprise entrent en interaction.

La lecture de votre publicité, l'arrivée dans votre commerce, l'accueil de votre vendeur, l'ambiance dans votre local, l'importance de votre assortiment, la lisibilité de vos états de compte, le professionnalisme de vos livreurs ou la qualité de votre service après-vente sont autant de points de contact du client avec votre entreprise.

L'ensemble de ces points de contact constitue ce que nous appellerons désormais l'«expérigramme» de votre client.

Les répercussions
Votre client a des attentes à l'égard de chacun des points de contact qu'il a avec votre entreprise.

À chaque point de contact, il compare ses attentes avec ce qu'il a effectivement reçu. Si ses attentes sont comblées, il se déclare satisfait. Sinon, il se déclare insatisfait.

Par exemple, s'il s'attendait à trouver une vitrine propre, et que c'est le cas, il attribuera une note positive à votre entreprise sur ce point précis. Mais s'il s'attendait à rencontrer un vendeur professionnel, et que celui qu'il rencontre ne connaît ni son produit ni sa liste de prix, il attribuera une note négative sur ce point.

Il additionnera ensuite, inconsciemment, les notes qu'il vous a attribuées à chaque point de contact. Si le résultat se révèle positif, il est satisfait. Si le résultat est négatif, il se déclare insatisfait.

Quelques principes
Voici quelques principes qui s'appliquent également à la gestion de l'expérigramme de vos clients, c'est-à-dire à l'ensemble des points de contact que partagent un client et votre entreprise au moment d'une expérience d'achat.

- Plusieurs clients décideront rapidement de ne pas faire affaire chez vous si les premiers points de contact s'avèrent décevants. Vous ne devez donc pas vous fier à une livraison hors pair pour compenser vos faiblesses sur le plan de l'accueil.

- Une mauvaise expérience dans l'une des dernières étapes de l'expérience d'achat peut venir gâcher tous les efforts antérieurs. Ainsi, des livreurs impolis peuvent annihiler le souvenir d'un achat chez vous, même si tous les autres points de contact ont procuré de la satisfaction.

- Les attentes ne sont pas fixes. Elles sont en mouvance constante et peuvent être diminuées ou augmentées. Si vos vendeurs ont l'habitude de promettre n'importe quoi parce qu'ils veulent conclure une vente, ils provoquent une augmentation des attentes. Ils peuvent même causer une amère déception s'ils font miroiter des avantages qu'ils ne sont pas en mesure d'offrir. Si vous n'êtes pas convaincu de pouvoir tenir une promesse, ne promettez rien.

- Le degré de satisfaction est indépendant de la marchandise offerte. Un produit de qualité moyenne sur lequel toutes les attentes ont été satisfaites suscitera plus de satisfaction qu'un produit de qualité supérieure qui n'a pas été à la hauteur des attentes du client.

- Dès maintenant, vous pouvez mieux gérer l'expérigramme de vos clients. C'est d'ailleurs ce que vous commencerez à faire dans le prochain thème.

Bloc d'activités

1. Comment vous distinguez-vous de vos concurrents? Expliquez votre stratégie. Pour vous aider, utilisez les avantages concurrentiels présentés en page huit.

_____

_____

_____

2. Pourquoi un client qui fait affaire ailleurs changerait-il ses habitudes pour s'approvisionner dans une nouvelle entreprise comme la vôtre?

_____

_____

_____

3. Pouvez-vous évaluer, pour votre secteur d'activité, combien vaut un client satisfait? Expliquez votre démarche.

_____

_____

_____

_____

4. Un client satisfait vous a-t-il déjà amené d'autres clients? Racontez.

_____

_____

5. Combien de points de contact vos clients partagent-ils avec votre entreprise? Identifiez-les.

_____

_____

_____

6. Racontez un cas où un client s'est déclaré insatisfait de son expérience chez vous. Expliquez la cause de cette insatisfaction.

_____

_____

_____

_____

7. Diriez-vous que, de façon générale, vos clients actuels sont satisfaits?

_____

_____

8. Sur quoi vous êtes-vous basé pour répondre à la question précédente?

_____

_____

_____

9. Que pourriez-vous faire pour vous assurer de la satisfaction de votre clientèle? Expliquez.

_____

_____

_____

La première partie avait pour but de vous présenter les notions de base nécessaires à la mise en œuvre d'une démarche de qualité dans les services aux clients.

Votre entreprise est jeune. Les clients qui s'y rendent pour la première fois doivent y sentir un professionnalisme qui compensera votre manque de notoriété.

Ces quelques petites questions vous permettront de tisser des liens entre ce que vous venez de lire et ce que vous vivez dans votre entreprise.

Notre prochain bloc traitera de la première étape de la démarche : l'analyse.

Les clients et leurs attentes

Cette étape consiste à dresser un portrait des clients types de l'entreprise en répondant aux questions suivantes :

- Quelles sont les clientèles de l'entreprise?
- Quelle est la façon la plus appropriée de segmenter celles-ci?
- Quelles sont les attentes de ces clientèles?
- Quel est leur niveau de satisfaction?

Nous traiterons immédiatement des trois premières questions. La quatrième fera l'objet de notre prochain thème.

La segmentation de la clientèle

Segmenter une clientèle, c'est la diviser en petits groupes homogènes qu'il sera plus facile de satisfaire. Traditionnellement, on segmente une clientèle en utilisant des notions de marketing. Par exemple, le propriétaire d'une librairie dira qu'il dessert trois segments : la papeterie commerciale, la papeterie scolaire et la littérature.

Mais la recherche de la qualité de service nous oblige à segmenter les clientèles non pas en fonction des produits ou des services qu'elles sont susceptibles d'acheter, mais en fonction de la façon dont elles souhaitent être servies.

Cette segmentation est fort simple. Nous avons affaire à quatre types de clients très précis, quel que soit le secteur d'activité. Nous avons des clients pressés, d'autres qui ne le sont pas. Nous avons des clients qui connaissent les produits et d'autres qui ne les connaissent pas. Ces deux caractéristiques, lorsque croisées, nous permettent de définir quatre types de clients qui auront des exigences et des besoins différents.

	Pressés	**Pas pressés**
Familiers avec nos produits	1. Experts pressés	2. Experts pas pressés
Pas familiers avec nos produits	3. Peu initiés pressés	4. Peu initiés pas pressés

Reconnaissez-vous vos clients? Pouvez-vous mettre des noms dans ce tableau? Décrivez brièvement ces quatre clientèles que vous desservez.

L'expert pressé sait ce qu'il veut. Il souhaite le trouver rapidement et passer à la caisse tout aussi rapidement.

L'expert peu pressé sait ce qu'il veut, mais aime bien discuter avec un commis. Il a besoin de contact humain pour apprécier son expérience.

Le non initié pressé ne sait pas ce qu'il veut et recherche une solution «clé en main». Le vendeur qu'il recherche jouera auprès de lui le rôle de consultant et de professeur.

Le non initié peu pressé ne sait pas ce qu'il recherche. Le vendeur qui le sert devra faire preuve d'empathie, être persuasif et jouer le rôle de pédagogue.

Les attentes des clientèles

Nous avons déjà mentionné que les clients mesurent leur degré de satisfaction en évaluant l'écart qui existe entre leurs attentes et ce qui leur est effectivement livré.

Pour être en mesure de les satisfaire, il vous fait donc connaître ces attentes. À ce chapitre, ne vous fiez à votre instinct. Votre perception est peut-être biaisée par vos décisions passées. Demandez directement aux clients ce qui est important pour eux lorsqu'ils achètent chez vous ou chez l'un de vos concurrents.

Cette recherche vous mènera à une série de critères qui, classés par ordre d'importance, vous seront d'une aide précieuse à la seconde étape du processus de qualité du service. Voici, par exemple, un tableau présentant les attentes des clients d'un détaillant de meubles :

Critères	Importance
Un bon choix	92 %
Des produits de qualité	89 %
Les meilleurs prix	88 %
Un aménagement agréable	76 %
Une livraison rapide	63 %

Tous les clients ne sont pas égaux

Il n'existe plus de client moyen. Le couple marié (père au travail, mère à la maison) depuis dix ans, vivant dans un bungalow avec quatre enfants adorables n'est plus un standard.

La clientèle d'aujourd'hui est plus hétérogène. Elle ne peut être placée dans un carcan.

Il est encore possible de segmenter les clientèles en recourant à deux axes : le degré de familiarité avec le produit vendu et le temps qu'ils sont disposés à prendre pour trouver ce qu'ils cherchent.

Connaître ses concurrents

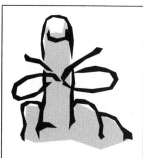

La première étape : l'analyse

Rien ne sert de se lancer à fond de train dans une réforme de votre entreprise si celle-ci ne correspond pas réellement à vos besoins ou aux besoins de la clientèle que vous souhaitez joindre.

Cette première étape, présentée de la page 13 à la page 18, vous permettra d'émettre un diagnostic.

Ce diagnostic vous aidera à comprendre vos forces, vos faiblesses et les difficultés que vous vivez sur le plan des enjeux du service aux clients, du climat de travail et de vos processus de gestion.

Comment vous distinguez-vous de vos concurrents? Il est important de connaître ce qu'ils offrent; si vous souhaitez attirer leur clientèle, vous devez offrir un peu plus qu'eux.

Les concurrents directs

Le premier groupe de concurrents à évaluer sont les concurrents directs, ceux qui vendent le même type de produit ou de service que vous.

Vous trouverez ci-dessous un exemple de grille d'analyse des concurrents. Adaptez-la à votre secteur d'activité et analysez la situation. Vous pouvez même demander à un acheteur mystère, qui n'est pas connu de vos employés, d'effectuer le même achat chez vous et chez vos principaux concurrents puis de vous indiquer les forces et les faiblesses de chacun.

Pour chaque concurrent, tentez de répondre aux questions suivantes :

- Qui sont mes plus importants concurrents?
- Quelles sont leurs forces par rapport à mon entreprise?
- Quelles sont leurs faiblesses par rapport à mon entreprise?
- Comment mon entreprise se distingue-t-elle d'eux?

- Comment pourrais-je tirer parti de mes forces pour attirer leurs clients?
- Comment pourrais-je m'améliorer en vue de me prémunir contre eux?

Les concurrents indirects

Vous devez également relever les forces de vos concurrents indirects. Les concurrents indirects sont des ceux qui ne vendent pas les mêmes produits ou services que vous mais qui tentent d'attirer vos clients vers leurs offres.

Par exemple, l'agence de voyage est un concurrent indirect pour l'entreprise qui vend des piscines ou des meubles. En effet, l'argent que le client dépensera au Mexique ou en Floride ne pourra servir à acheter des biens durables au Québec.

Cette première étape de l'analyse est importante. Il ne faut pas chercher à réinventer la roue. N'hésitez pas à emprunter les formules qui font le succès de vos concurrents tout en conservant votre identité. Vous ne devez pas devenir une copie de l'autre, mais vous pouvez offrir tout ce qu'il offre.

Dans la prochaine section, nous traiterons du client et de ses attentes.

Nom du concurrent analysé : _____		Date: _____	
Sujet	**Forces**	**Faiblesses**	**Similitudes**
Emplacement			
Stationnement			
Choix de produits			
Publicité			
Personnel			
Ambiance			
Prix			
Nos forces par rapport à ce concurrent : _____			
Nos faiblesses par rapport à ce concurrent : _____			

La satisfaction des clients

Des étapes liées entre elles

Toutes les étapes que nous vous présentons dans ce guide de gestion sont interreliées et certaines n'ont de valeur que dans la mesure où vous les intégrez à une démarche globale de qualité de service.

C'est ainsi que vous vous servirez, pour évaluer la satisfaction de vos clientèles, des critères établis à l'étape précédente.

Il faut investir vos efforts là où ils sont le plus susceptibles de rapporter. Le détaillant de meubles de l'exemple de la page précédente, par exemple, a tout intérêt à soigner son assortiment avant de s'attaquer à ses problèmes de livraison.

Vos clients sont-ils satisfaits? En tenant compte de la matière assimilée jusqu'à présent, cette question pourrait être formulée ainsi : «Les attentes de vos clients sont-elles comblées quand ils font affaire chez vous?»

La démarche

Pour le savoir, suivez la démarche suivante :

Pour chacun des critères jugés importants par votre clientèle, préparez quelques questions. Le nombre de questions variera en fonction de l'importance relative du critère. Plus un critère est jugé important par vos clients, plus vous vous concentrerez à l'analyser sous tous ses angles, en multipliant les questions.

Déterminez comment vous recueillerez l'information auprès de votre clientèle. Vous pouvez procéder par sondage postal, par sondage téléphonique, par groupe de discussion. Vous pouvez même vous placer à la sortie de votre commerce et interroger les gens sur place. Mais attention : ne retenez pas trop longtemps les clients pressés.

Préparez le questionnaire écrit et faites-le parvenir à un bon échantillon de votre clientèle. Si vous avez choisi de procéder par entrevue, entreprenez le travail.

Compilez les résultats de votre sondage et évaluez le taux de satisfaction de votre clientèle à l'égard de chaque critère. Des priorités devraient commencer à se dégager mais ne vous lancez pas immédiatement dans des changements. Poursuivez votre démarche. D'autres étapes doivent être entreprises avant que les changements requis soient implantés.

Expédiez une lettre aux répondants dans laquelle vous les remerciez de leur collaboration et de la chance qu'ils vous donnent d'améliorer votre capacité à les satisfaire. Mentionnez également que vous tiendrez compte de leur opinion dans vos prochaines décisions de gestion.

Un exemple

Voici une portion du questionnaire qu'aurait pu préparer notre marchand de meubles. Pour chaque énoncé, les clients sont invités à évaluer le commerce en lui attribuant une note de 1 à 10. Vous remarquerez que les questions ont été conçues en tenant compte des critères du tableau de la page précédente.

Quelle note nous donnez-vous pour...	Note (1-10)
... notre choix en appareils ménagers	
... notre choix en mobiliers de chambre	
... la qualité de nos produits	
... la garantie de nos produits	
... notre politique de prix	
... la disposition de notre rayon d'appareils électroménagers	
... la disposition de notre coin dînette	
... la courtoisie de nos vendeurs	
... la courtoisie de nos livreurs	
... notre service de livraison	
... les délais de livraison	
... la propreté des lieux	
... notre système de facturation	
... le respect de nos engagements	

L'analyse concurrentielle

N'hésitez pas non plus à tenter de découvrir le taux de satisfaction des clients de vos concurrents sur chacun des critères jugés importants par votre clientèle.

En plus de vous aider à améliorer la qualité de service que vous offrez à vos clients, cette information vous aidera à exploiter vos points forts pour attirer les clients mécontents de vos concurrents.

Le climat de travail

Imaginez un livreur qui croit si peu en la fiabilité des freins de son camion qu'il freine 300 pieds avant les arrêts en récitant chaque fois une prière. Croyez-vous qu'il sera réconfortant et chaleureux quand il entrera en contact avec le client chez qui il s'en va livrer un de vos produits?

Imaginez le caissier qui se fait crier après chaque fois qu'il reprend un article ou propose de rembourser un client. Avec quelle attitude accueillera-t-il le prochain client mécontent?

Imaginez un vendeur qui doit composer avec un système de commandes si mal conçu qu'il ne peut jamais dire avec certitude qu'un produit est en commande ou qu'il ne l'est pas. Quel enthousiasme communiquera-t-il à ce client qui souhaite lui passer une commande?

Il est difficile d'avoir des clients heureux sans avoir des employés heureux. De leur joie au travail naît ce dynamisme qui sera communiqué au client et qui deviendra une part importante de l'expérience d'achat.

Vous pouvez installer une boîte à suggestions, proposer un sondage écrit ou encore une discussion franche lors de votre prochain meeting. Toutefois, il vous faut en apprendre davantage sur les aspects suivants :

- **La motivation.** Vos employés sont-ils heureux de rentrer au travail ou le font-ils à reculons? Vous devez rapidement relever les causes d'insatisfaction au sein de votre personnel parce qu'elles vous coûtent tous les jours des ventes.

- **Le degré d'autonomie.** L'autonomie est un puissant outil de motivation. Considérez-vous vos employés comme des adultes autonomes ou comme de simples exécutants? Ont-ils la latitude nécessaire pour s'acquitter de leurs responsabilités? Doivent-ils demander votre autorisation 20 fois par jour? Si tel est le cas, ils perdent toute crédibilité aux yeux des clients et peuvent également perdre leur envie de se dépasser au travail.

- **Les compétences.** Vos employés ont-ils la compétence nécessaire pour répondre avec conviction et confiance aux questions et aux objections des clients? Si tel n'est pas le cas, leur voix ne communiquera aucune conviction et votre entreprise perdra sa crédibilité aux yeux de la clientèle. Sachez qu'une faiblesse à ce chapitre peut être compensée par une formation sur les produits ou sur les techniques de vente.

- **Les outils matériels et informationnels.** Si vos vendeurs n'ont pas accès au registre des articles commandés, si le registre d'inventaire qu'ils ont en main ne tient pas compte des quantités vendues mais non livrées ou si les listes de prix mises à leur disposition ne sont pas à jour, il est à peu près certain que les employés les mieux intentionnés feront des erreurs et indisposeront les clients.

- **La vision de l'entreprise.** Avez-vous partagé votre rêve avec votre personnel? Vos employés savent-ils où l'entreprise s'en va, ont-ils l'impression de contribuer à ses progrès? En partageant avec vos employés votre philosophie d'entreprise et les principes auxquels vous croyez, vous les rendez capables de prendre des décisions par eux-mêmes. À ce moment, leur performance augmente, les clients sont heureux et vos besoins de supervision diminuent.

- **Les objectifs personnels.** Chacun des membres de votre personnel sait-il ce qui est attendu de lui? Sait-il ce qui constitue un rendement apprécié? L'employé à qui on n'a pas présenté d'objectifs à atteindre vit avec l'angoisse constante de ne pas être à la hauteur. Cette angoisse risque d'influer négativement sur ses relations avec la clientèle. Chacun des membres de votre personnel doit savoir ce que vous attendez de lui.

Ces données vous serviront à la seconde étape de votre démarche de qualité du service.

Vous êtes la référence

Votre discours public influe énormément sur l'attitude qu'auront vos employés face à vos clients.

Sur quel ton parlez-vous des clients mécontents lorsqu'il n'y a personne dans le commerce? Les traitez-vous d'imbéciles et de chialeurs? Mettez-vous en doute leur honnêteté? Pensez-vous à féliciter l'employé qui a satisfait un client mécontent?

Les employés ont tendance à s'inspirer de vos comportements. Si vous leur montrez à manquer de respect envers les clients, votre programme d'amélioration de la qualité du service est condamné à l'échec.

L'analyse des processus

__Des chouchous?__

Quels clients avez-vous le plus de facilité à servir? Certains entrepreneurs sont à l'aise avec les clients pressés tandis que d'autres sont plus à l'aise avec les clients peu familiers et peu pressés.

Ne laissez pas vos propres préférences fausser votre démarche. C'est à l'égard des quatre types de clientèles que vous devez évaluer votre performance et vos processus de gestion.

Que se passe-t-il au juste dans votre entreprise? Comment parvenez-vous à livrer ce produit ou ce service qui satisfera ou non votre clientèle?

Le dernier élément d'analyse porte sur les processus qui caractérisent votre entreprise. Un processus, c'est une façon de procéder, une série de gestes qui doivent être faits dans l'exploitation de votre entreprise. Nous pouvons classifier ces processus en deux catégories : les processus internes et les processus externes.

Les processus internes

Les processus internes sont ceux qui sont invisibles aux yeux des clients. Par exemple, la réception des commandes, les commandes de réapprovisionnement auprès des fournisseurs ou l'entretien de l'entrepôt, sont autant de processus internes.

Mais ce n'est pas parce qu'ils sont invisibles que ces processus n'affectent pas la satisfaction des clients.

Prenons par exemple le cas des commandes auprès des fournisseurs. Imaginons que vous gérez un magasin de produits informatiques et qu'un client vient de vivre chez vous une expérience d'achat mémorable. Votre commerce, que ce soit sur le plan de l'assortiment ou de la disposition, l'a tout simplement comblé. De son côté, votre vendeur a su l'écouter, le conseiller et lui vendre un produit haut de gamme si cher que vous ne le tenez même pas en stock.

Jusqu'ici, tout va bien. Mais que se passera-t-il si votre processus de commande est déficient et que l'ordinateur tant attendu n'est pas commandé immédiatement? Le client attendra, fébrile, pendant quelques jours, mais il finira par perdre patience et ira demander des nouvelles. Votre vendeur fera son possible pour le faire patienter mais, déjà, à ce moment, la satisfaction du client devient de plus en plus hypothétique.

Les processus externes

Les processus externes sont ces moments de vérité auxquels les clients sont sensibles, qui peuvent les influencer, qu'ils peuvent juger et qui font la différence.

Dans une entreprise de service, par exemple, les moments de vérité sont la lecture de votre publicité, l'arrivée dans le stationnement, l'ambiance, les étalages, l'agencement des articles, la conversation avec le personnel de vente, le paiement, la livraison, la sortie du stationnement et le service après-vente.

L'ensemble des processus externes constitue l'expérigramme, c'est-à-dire la somme des points de contact que partagent votre entreprise et votre client. C'est à chacun de ces points de contact que le client décide s'il vous adoptera, s'il reviendra ou s'il ne mettra plus jamais les pieds dans votre commerce.

Apprenez à voir votre entreprise avec les yeux de vos clients. Vous y gagnerez beaucoup.

L'analyse des processus

Tous vos processus internes et externes, auront des répercussions sur la satisfaction de vos clients. Vous analyserez ces processus en respectant les trois étapes suivantes.

- Faire l'énumération des processus, sans en oublier un seul.

- Établir, pour chaque processus, la liste des incidents critiques qui peuvent survenir et nuire à l'expérience d'achat des clients.

- Déterminer, pour chaque processus, si l'entreprise présente des faiblesses. Définir quelles sont ces faiblesses.

À la page suivante, nous vous suggérons de procéder à la préparation de votre expérigramme, c'est-à-dire l'analyse de vos processus externes.

Bloc d'activités

Point de contact	Incident critique	Améliorations
Exemple : Publicité dans les journaux	Il arrive fréquemment que nous n'ayons pas en stock les produits annoncés.	Il faut repenser la façon dont nos préparons nos publicités.

L'expérigramme

Nous vous invitons maintenant à préparer l'expérigramme de vos clients.

Commencez par faire quelques photocopies de cette page puis, dans la première colonne, inscrivez les points de contact de votre organisation.

Inscrivez dans la deuxième colonne les incidents critiques qui peuvent survenir et nuire à l'expérience de vos clients lors de ce point de contact.

Indiquez finalement dans la troisième colonne si votre organisation est à la hauteur ou inscrivez ce qui doit être fait pour la rendre plus performante.

Votre mission, si vous l'acceptez...

Nous entreprenons ici notre troisième bloc d'information.

Alors que la phase d'analyse vous invitait à faire l'étude des attentes de différents types de clientèles et un diagnostic des forces et des faiblesses de votre entreprise, ce nouveau bloc vous poussera à prendre un certain nombre de décisions basées sur les résultats de ces analyses.

Place à l'étape de la prise de décision.

La première étape de la mise au point d'une stratégie de service doit être l'élaboration de la raison d'être de l'entreprise, sa mission.

Une mission, c'est quelques mots qui résument l'essentiel du rêve du fondateur de l'entreprise. Elle présente l'objectif que doit viser l'entreprise et les valeurs qui y seront privilégiées.

Un énoncé complet de mission doit inclure quatre éléments :

- <u>Une définition du secteur d'activité.</u> Dans quel domaine votre entreprise œuvre-t-elle? Dans quelle région?

- <u>Les éléments de vision.</u> Qu'est-ce qui distingue l'entreprise? Où s'en va-t-elle? Où aimerions-nous qu'elle soit d'ici cinq ans?

- <u>La contribution.</u> Quels objectifs permettons-nous à nos clients d'atteindre quand ils font affaire chez nous? Quels avantages en retirent-ils? Que souhaitent réellement acheter les clients qui se présentent dans notre entreprise? Par exemple, celui qui achète un chauffe-eau, achète en réalité de l'eau chaude produite le plus efficacement possible. Vous vendez un chauffe-eau mais ce n'est pas ce que le client achète.

- <u>La philosophie de gestion.</u> Quelles valeurs animent l'entreprise? Est-elle gérée uniquement en fonction des profits ou repose-t-elle sur des principes plus larges?

Les avantages de la mission

De nombreux avantages sont liés à l'adoption d'une mission d'entreprise.

- <u>Vous stimulez l'action.</u> Que peut faire un employé si sa tâche est terminée mais qu'il ignore où se dirige l'entreprise? Comment peut-il orienter sa pensée pour faire jaillir des idées qui aideront l'entreprise à avancer? C'est impossible. En lui expliquant votre mission, vous éviterez qu'il devienne un zombie qui perd son temps en attendant que son supérieur lui dise quoi faire.

- <u>Vous encouragez la loyauté.</u> Les gens aiment travailler pour quelqu'un qui sait où il va. Dans notre monde d'incertitude, ils aiment sentir qu'ils ne rament pas pour rien et que leurs gestes s'inscrivent dans un projet global.

- <u>Vos employés seront plus autonomes.</u> Celui qui sait quelles valeurs sont privilégiées dans l'entreprise pourra faire preuve d'autonomie. Par exemple, face à un client insatisfait de la cuisson de son steak, il changera l'assiette du client si vous privilégiez la satisfaction et lui laissera sa viande trop cuite si vous privilégiez la réduction des coûts.

Un exemple de mission ?

Voici un exemple que nous avons puisé dans un document du MICST. Il s'agit de la mission d'un commerce de produits électroniques.

Une définition du domaine
Nous achetons et vendons des produits électronique.

Les éléments de vision
Les produits que nous offrons sont fiables, de qualité supérieure, toujours au prix le plus bas.

La contribution
Nous fournissons à notre clientèle des produits de divertissement pour la maison.

La philosophie de gestion
Une entreprise rentable pour ses actionnaires, équitable pour ses employés et profitable pour ses fournisseurs.

Le concept de service

La figure suivante indique où nous en sommes dans notre démarche.

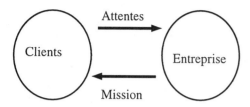

Nous avons, d'un côté, des clients qui nourrissent des attentes à l'égard de ce que vous allez faire pour eux, et, de l'autre, votre entreprise et sa mission.

Le concept de service, c'est la réponse que votre entreprise va s'engager à livrer aux clients, de façon active et délibérée. C'est la colonne vertébrale d'une démarche de qualité et c'est sur cette réponse que seront basés les normes, la promesse, les objectifs et les décisions opérationnelles de votre démarche.

Mais rappelons-nous que vous avez plus d'une clientèle. Vous avez des clients pressés et d'autres qui le sont moins. Vous avez des clients qui connaissent bien votre produit et d'autres qui n'y sont pas encore initiés. Vous devez vous assurer que votre concept de service sera en mesure de les satisfaire tous.

Voici une démarche en quatre étapes qui vous permettra d'établir votre concept de service.

La liste des attentes
Vous avez déjà préparé (voir la page 14), par ordre d'importance, une liste des critères de satisfaction de la clientèle. Recopiez ces critères dans la première colonne du tableau suivant.

Attentes	Contraintes	Approche de service

Le test des contraintes
Inscrivez maintenant dans la deuxième colonne les contraintes qui influenceront votre capacité à offrir cet élément particulier de service. Ces contraintes peuvent être issues de votre énoncé de mission, des réglementations en vigueur ou de vos capacités de production. Les clients d'un bar pourraient, par exemple, rêver d'une table de billard que la réglementation municipale interdit d'installer dans le bar en question.

Le diagnostic
En regard de l'étape précédente, indiquez dans la troisième colonne du tableau de la colonne précédente si vous êtes disposé à offrir activement à vos clients cette approche de service. Il est possible que vos clients aient des attentes que vous ne pouvez combler. Par exemple, vos clients aimeraient peut-être magasiner chez vous le dimanche mais vous ne souhaitez pas être ouvert ce jour-là.

Segmenter
Dans la première colonne du tableau suivant, reportez maintenant les approches de service que vous avez choisies et que vous êtes en mesure d'offrir à votre clientèle, et indiquez, segment par segment, l'importance relative de chaque dimension. Au terme de cette quatrième étape, votre concept de service aura été défini.

Approche de service	Expert pressé	Expert pas pressé	Peu initié mais pressé	Peu initié pas pressé

Des conflits peuvent survenir

L'entreprise ne peut pas toujours satisfaire son client. Aussi, à cause des écarts qui existent entre la mission de l'entreprise et les attentes de la clientèle, des conflits peuvent survenir.

Revenons à l'exemple du détaillant d'appareils électroniques. Si un client se présente dans l'espoir d'acquérir à peu de frais un magnétoscope volé, et que c'est contre les valeurs de l'entreprise de se prêter à de telles pratiques, aucune transaction ne pourra être effectuée. Les points communs entre les attentes des clients et votre mission détermineront votre concept de service.

Des normes de service

En bref

Les normes de service sont des objectifs qui permettent de déterminer quel degré de performance vous souhaitez offrir pour chaque dimension de service.

Elles permettent d'évaluer votre entreprise afin de déterminer si elle est en mesure de satisfaire la clientèle. Lorsqu'elles sont communiquées à vos employés, elles leur permettent de devenir plus autonomes et de faire preuve d'initiative.

Vous venez de mettre au point un concept de service, mais celui-ci ne vous mènera nulle part si vous n'établissez pas de normes de service.

Imaginez, par exemple, le commis d'une quincaillerie à qui l'on dit que la vitesse de livraison doit devenir une préoccupation importante pour tous. Que fera-t-il? Et quand saura-t-il qu'il est à la hauteur? Si on ne lui fournit pas de balises, il peut tout aussi bien faire des promesses irréalisables ou noliser un camion et deux livreurs pour effectuer une livraison de 2,50 $.

Les normes de service permettent à chaque employé d'adopter des comportements qui correspondent aux dimensions retenues dans le concept de service. Elles doivent permettre à l'employé de savoir si sa prestation est à la hauteur des attentes.

Retenons également que les normes doivent être réalistes. C'est la crédibilité de toute la démarche qui en dépend. Si vous ne disposez que d'un camion et que vous couvrez un territoire géographique de 130 kilomètres carrés, promettre une livraison en moins de six heures n'est pas réaliste et conduira rapidement à l'abandon de votre démarche.

La démarche
Nous pouvons la résumer en quatre étapes. Reprenons, pour illustrer le propos, le problème de livraison que connaît la quincaillerie.

- Il faut, dans un premier temps, définir une norme qui correspond aux attentes de la clientèle. Le propriétaire de la quincaillerie peut par exemple déterminer que la livraison doit s'effectuer dans les deux heures suivant la commande du client.
- Dans un deuxième temps, il faut tenir compte des cas d'exception où la règle ne peut être appliquée. Le quincaillier peut définir un territoire géographique en dehors duquel la norme ne s'applique pas et un montant minimal d'achat en dessous duquel une livraison n'est pas rentable. Au sortir de cette étape, notre quincaillier pourra établir la norme suivante : *Effectuer gratuitement, dans un délai maximal de deux heures, toute livraison demandée*

dans un rayon de 10 kilomètres du commerce.
- Il faut maintenant se demander si cette norme est réaliste. Le quincaillier dispose-t-il de la capacité de livraison pour réaliser tous les jours cette promesse? Si ce n'est pas le cas, la norme doit être révisée. Si c'est le cas, on passe à l'étape suivante.
- En quatrième lieu, on doit revenir au point de départ et se demander si la norme, telle que reformulée, correspond encore aux attentes de la clientèle. Si tel n'est pas le cas, il faut la reformuler encore ou la rayer de notre concept de service.

Il ne faut pas s'encombrer
Il ne sert à rien de se doter de centaines de normes qui ont pour effet de bureaucratiser votre entreprise et d'insécuriser les employés. Si vous imposez trop de normes dans un même élan, vous risquez de créer de la confusion.

Vous devez cependant vous doter d'au moins une norme pour chaque approche de service intégrée à votre concept de service.

Un exercice
Recopiez, dans la première colonne, les approches de service que vous avez l'intention d'offrir à votre clientèle et fixez, pour chacune d'elles, une ou deux normes de service.

Éléments du concept de service	Normes
Service rapide	Livraison du repas en moins de 10 minutes

Une promesse

Les normes de service sont un outil de gestion parce qu'elles permettent aux employés d'adopter les bons comportements et un outil de marketing parce qu'elles permettent de vous distinguer de vos concurrents tout en faisant savoir que vous répondez aux attentes de votre clientèle.

Mais pour cela, il faut qu'elles soient connues de cette clientèle. Si vous promettez aux clients que vous vous engagez à satisfaire leurs attentes, ils ne pourront être indifférents à votre offre.

Tous les éléments que comporte une promesse sont toutefois basées sur des normes mesurables et contrôlables.

Les deux parties d'une promesse

- Un engagement. À quoi vous engagez-vous envers votre client? Cet engagement peut revêtir trois formes selon que vous vous adressez à ses bras, à sa tête ou à son cœur. Voyez à ce sujet le texte de la page 25.

- Les éléments de service promis. Ce sont les normes de service que vous vous êtes fixées et qui correspondent aux principales attentes des clients. C'est ici, par exemple, que le quincaillier garantit à tous ses clients vivant dans un rayon de 10 kilomètres, une livraison en moins de deux heures.

Un peu de marketing

Les clients actifs ou potentiels doivent être en contact avec votre promesse le plus souvent possible. Affichez-la à la vue de tous les clients et intégrez-la à votre documentation commerciale.

Un élément particulier de votre promesse peut facilement devenir votre slogan commercial. Après tout, il correspond à vos valeurs (il a été conçu en tenant compte de votre mission d'entreprise) et à votre capacité de satisfaire le client (vous vous êtes assuré de la faisabilité des normes de service mises de l'avant.)

La rédaction de votre promesse

Les quatre questions suivantes vous aideront à formuler votre promesse.

1. Quels sont les éléments les plus importants de votre mission d'entreprise?

_____

_____

_____

2. Quelles approches de service avez-vous intégrées à votre concept de service?

_____

_____

_____

3. Formulez votre promesse.

a) Mentionnez tout d'abord votre engagement.

_____

_____

_____

b) Mentionnez également les éléments de service que vous vous engagez à fournir.

_____

_____

_____

_____

_____

4. Votre promesse intègre-t-elle les normes de service que vous avez définies?

Oui ❑   Non ❑

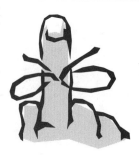

Des exemples

- *Votre repas sera servi en 30 minutes ou moins, sinon vous ne payez pas.*

- *Si vous trouvez un meilleur prix ailleurs, nous vous remboursons la différence.*

- *Nous vous servons avec le sourire, 24 heures par jour.*

- *Si un sinistre survient, vous recevez votre chèque dans les 24 heures.*

- *Chez nous, c'est toujours avec le même conseiller que vous faites affaire.*

Les objectifs d'amélioration

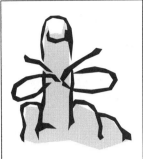

Des vœux pieux?

Votre promesse ne doit pas rester un vœu pieux ou un artifice de mise en marché. Nous avons vu qu'il est très dangereux de faire des promesses irréalistes.

Il faut donc vous donner les moyens d'être à la hauteur de votre promesse.

De bons objectifs d'amélioration (limités dans le temps, mesurables et établis en fonction des informations accumulées) vous aideront à concrétiser votre promesse.

Votre promesse est maintenant rédigée et vous l'avez conçue en vous assurant que vous disposez des ressources pour respecter les éléments de service que vous y énoncez.

Il vous reste maintenant à fixer des objectifs en fonction de ces éléments. Vous le ferez en suivant quelques étapes simples.

Un exemple
Le quincaillier s'est rendu compte qu'il perdait des clients entrepreneurs parce que les livraisons arrivaient en retard. En effet, l'entrepreneur qui a trois employés sur un chantier n'aime pas les payer à ne rien faire parce qu'ils attendent des matériaux.

Il a communiqué avec une trentaine de clients entrepreneurs pour se rendre compte que la moitié seulement d'entre eux étaient satisfaits de son service de livraison.

Surpris par cette terrible contestation, il a décidé d'en faire un de ses objectifs d'amélioration. Voici le tableau qu'il a rempli à cet effet.

Satisfaction des clients par rapport à notre service de livraison	
% actuel de satisfaction	50 %
Objectif d'ici trois mois	65 %
Objectif d'ici six mois	75 %
Objectif d'ici douze mois	90 %

Nous ne sommes pas là pour juger les objectifs du quincaillier. Supposons qu'il connaît bien son entreprise et que ses objectifs sont réalistes. S'ils ne le sont pas, il n'arrivera pas à motiver son équipe.

Les caractéristiques d'un bon objectif
Que pouvons-nous déduire de ce qui précède? Tentons de résumer cette partie de la démarche.

- Les objectifs doivent être limités dans le temps. Si vous ne vous fixez pas une date où l'objectif doit être atteint, vous ne saurez jamais si l'objectif a été atteint ou non.

Un objectif qui n'est pas limité dans le temps n'est pas utile et ne peut servir à motiver des employés.

- Les résultats d'un objectif doivent être mesurables. Il faut être en mesure de déterminer s'ils ont été atteints ou dépassés.

- Les objectifs d'amélioration doivent tenir compte des renseignements accumulés jusqu'ici. Il ne sert à rien de se donner un objectif d'amélioration à réaliser sur un élément de service qui n'est pas important aux yeux de la clientèle. Tout objectif doit s'inscrire dans la démarche accomplie.

Un exercice
Faites la liste des objectifs d'amélioration que vous souhaitez vous donner.

_____

_____

_____

_____

_____

_____

Choisissez l'un de ces objectifs et remplissez ce tableau en suivant la démarche effectuée par le quincaillier.

Les zones d'intervention

Le processus de changement est énergivore. Il gruge les ressources des personnes qui le mettent en œuvre.

C'est normal. Prenons le cas du réceptionniste qui doit apprendre à sourire au téléphone. Un certain temps s'écoulera avant que le sourire ne devienne un automatisme qui ne lui demande plus d'efforts conscients. D'ici là, ses efforts devront être constants pour qu'il ne retombe pas dans les habitudes du passé.

Pour cette raison, il est tout à fait impensable de tout faire en même temps. Il est préférable d'établir une liste de priorités en choisissant en premier lieu les éléments qui ont un effet immédiat sur les résultats recherchés. Ce travail peut se faire en cinq étapes.

Dressez une liste des éléments de service sur lesquels vous vous concentrerez en premier lieu. Il peut s'agir de la disposition du magasin, du temps de livraison, du temps d'attente à la caisse, du processus de commande, etc. Ne vous attaquez pas à plus de deux ou trois éléments à la fois.

Établissez les actions à entreprendre pour améliorer cet élément de service. Un exemple qui reprend le cas du quincaillier figure dans le tableau au bas de cette page.

Déterminez qui sera responsable de la mise en œuvre de ce projet d'amélioration. Vous n'avez pas à tout faire dans votre entreprise. De plus, en faisant participer d'autres membres de votre équipe, vous favorisez l'engagement personnel. Les gens visés n'ont pas l'impression que le changement leur est imposé.

Allouez maintenant un budget qui permettra à la personne responsable de lancer le processus d'amélioration.

Donnez-vous un objectif de temps. À quelle date souhaitez-vous que le processus d'amélioration soit terminé?

Une fois cette étape terminée, vous pouvez lancer l'implantation de votre stratégie de service. Ce sera l'objet de notre dernier bloc d'information.

Vous n'êtes pas seul!

Il est très motivant pour des employés de se voir confier des responsabilités dans un programme d'amélioration de la qualité des services.

Le processus de changement demande beaucoup d'énergie. Vous ne pouvez le porter seul.

En partageant le travail à accomplir et en confiant judicieusement la réalisation à des membres de votre personnel, vous favorisez l'engagement personnel et multipliez l'énergie que chacun investit dans le projet.

Élément de service	Actions à entreprendre	Qui sera responsable?	Quel est le budget alloué?	Date de réalisation
Offrir un service de livraison plus rapide	- Améliorer la circulation des bons de commandes entre le magasin et l'entrepôt - Charger le soir précédent les commandes devant être livrées tôt le matin - etc.	Pierre, notre expéditeur	2 500 $	D'ici juin

La tête, le cœur et les bras

C'est ici que se termine ce troisième bloc consacré à la prise de décision.

Il reste maintenant à rendre opérationnelles vos décisions et à mettre en place des instruments qui vous permettront de mesurer vos progrès.

Mais prenons tout de même quelques instants pour bien comprendre comment vos clients vous perçoivent.

Prenez conscience de ces trois niveaux de perception si vous souhaitez faire sonner la caisse plus souvent.

Vous est-il déjà arrivé de pénétrer dans une boutique et de vous dire instantanément que vous n'aviez aucune envie d'y faire un achat? Vous ne savez pas exactement ce qui vous donne l'envie de fuir les lieux sur-le-champ (l'éclairage, les étiquettes, le regard des employés, l'âge évident du tapis, etc.), mais la pulsion est tout simplement indéniable.

Tout comme vous, vos clients sont des êtres complexes. Ils perçoivent votre entreprise de diverses façons et ces perceptions ne sont pas toujours conscientes. En fait, l'expérience d'achat que vous leur offrez est globale et s'adresse à toutes les dimensions de leur être.

La tête
La première de ces dimensions, c'est la tête, c'est-à-dire le côté rationnel de votre client.

Les éléments suivants influencent cette dimension de l'expérience d'achat :

- Les produits
- Les prix
- Les politiques
- Les systèmes
- Les connaissances
- Les procédures
- La qualité
- La publicité

Les bras
L'autre aspect qui façonne l'expérience du client est son contact avec le côté «matériel» de votre entreprise.

Son jugement et son sentiment de satisfaction sont alors influencés par :

- L'affichage
- L'aménagement des lieux
- La propreté
- L'apparence des lieux
- La facilité d'accès
- L'éclairage
- Le stationnement

Le cœur
Le troisième aspect qui influence l'expérience de votre client consiste en tout ce qui a une valeur émotive entre lui et votre organisation.

Vous pouvez renforcer ce lien en agissant sur :

- La capacité d'empathie de votre personnel
- La capacité d'écoute de votre personnel
- L'attitude de vos employés
- Les modes de communication utilisés
- L'empressement à répondre à ses attentes

Votre propre expérience
Vous n'êtes pas qu'un entrepreneur. Pour des centaines d'autres entreprises, vous êtes également un client.

Réfléchissez à vos dernières expériences en tant que client...

- Comment cela s'est-il déroulé sur le plan matériel?
- Sur le plan rationnel?
- Sur le plan émotif?

Prenez conscience de vos propres comportements et vous comprendrez rapidement comment vos clients se sentent quand ils font affaire chez vous.

Votre mission est simple : augmenter, pour chacune des trois dimensions (le cœur, les bras et la tête) le plaisir qu'auront vos clients en faisant affaire avec vous.

La révision des processus

Vous avez déjà procédé, à la page 17, à l'analyse de vos processus. Ceux-ci doivent maintenant être révisés en fonction des objectifs énoncés dans le bloc précédent. Vous (ou la personne nommée au moment de la sélection des zones prioritaires d'intervention) le ferez en quatre étapes.

Décortiquer le processus
Il faut commencer par décortiquer le processus en petits morceaux qui sont autant de moments de vérité pour la satisfaction de la clientèle.

A droite, vous trouvez les étapes que doit suivre le quincaillier qui souhaite améliorer son processus de livraison.

Se poser les bonnes questions
Pour chacun des aspects relevés au point précédent, il faut maintenant se poser les questions suivantes :

- Cette étape est-elle nécessaire?
- Peut-elle être simplifiée?
- Quel incident peut indisposer un client à cette étape?
- Une autre personne peut-elle se charger de cette étape?
- Comment cette étape peut-elle être améliorée?
- Comment les erreurs peuvent-elles être réduites à cette étape?

Décider
Ce questionnement vous mène à des pistes d'amélioration. Il vous faut maintenant décider de celles que vous mettrez en œuvre.

Par exemple, le quincaillier peut se demander pourquoi on attend que le camion soit plein avant de partir livrer parce que c'est à cette étape qu'on perd le plus de temps. Il décidera peut-être que les commandes doivent être livrées dès qu'elle sont chargées à bord du camion.

Agir
Il faut finalement agir, c'est-à-dire faire en sorte que les décisions prises soient intégrées à la routine quotidienne. C'est une période critique parce que le changement, nous l'avons déjà mentionné, exige des efforts. Pour mettre

toutes les chances de son côté, il convient à ce moment de faire participer les employés. Nous en reparlerons à la page 29.

Le processus de livraison

Avant

> Le caissier va porter le bon de commande sur le bureau de l'expéditeur.

> La marchandise est immédiatement placée dans le camion.

> Quand le camion est plein, le livreur part.

> Le livreur arrive chez le client et décharge la commande.

> Le livreur responsable reçoit le paiement du client.

Après

> Le livreur fait ses autres livraisons puis rentre au magasin.

Est-il facile d'acheter chez vous?

La révision des processus vous permettra de simplifier ceux-ci. Si le client achète facilement chez vous, sa satisfaction s'en trouvera améliorée.

Est-ce facile d'acheter chez vous? De passer à la caisse? De déposer une plainte? D'obtenir un renseignement au téléphone? De passer une commande? D'échanger un produit insatisfaisant?

Facilitez la vie de vos clients en simplifiant les étapes qu'ils doivent franchir.

Les politiques et les procédures

Bons clients et mauvais clients

Dans quel esprit les politiques sont-elles élaborées dans votre entreprise? La politique d'échange, par exemple?

Certains commerçants tiennent pour acquis que les clients sont foncièrement mal intentionnés. Ils font alors tout pour rendre la procédure compliquée dans le but de nuire aux clients qui prétendent par exemple qu'un vêtement ne fait pas.

Faites un examen de conscience. Quel état d'esprit a mené à la mise en place de vos procédures actuelles? Vos hypothèses de base sont-elles vraiment valables?

Imaginez un instant que votre conjoint vous ait acheté un vêtement pour votre anniversaire et que ce vêtement soit trop petit. Vous vous présentez au magasin pour l'échanger et le commis qui vous reçoit, après vous avoir dit qu'il n'y avait pas de problème, vous explique que tous les échanges doivent être acceptés par le propriétaire et que celui-ci, justement, est parti à la banque effectuer un dépôt.

Comment réagissez-vous? En voulez-vous au commis? Reviendrez-vous dans ce commerce?

Voici une procédure (échange d'un produit qui ne convient pas) qu'une politique particulière (le patron doit signer le bon d'échange) vient sérieusement compliquer et ralentir.

Demandez-vous maintenant si de tels événements se produisent dans votre commerce. Distinguons d'abord deux types de procédures : les procédures internes et les procédures externes.

Les politiques et procédures internes
Les politiques et procédures internes sont reliées à la gestion du personnel. Elles touchent tout autant la sélection du personnel, sa formation, l'état d'esprit avec lequel il doit aborder la clientèle, les contacts permis avec les fournisseurs, les programmes de motivation mis en place, etc.

Les politiques et procédures externes
Les politiques et procédures externes sont reliées à la démarche d'achat des consommateurs. Nous y retrouvons ce qui doit être fait lorsqu'un client se montre insatisfait de votre produit ou de votre service, lorsqu'il retourne un produit pour échange, le montant minimal d'acompte à verser par le client qui fait une commande spéciale, la procédure d'ouverture d'un compte client, etc.

La rédaction d'une procédure
Un commerce a besoin de politiques et de procédure claires pour prospérer. L'absence de politiques ou de procédures provoque la confusion. Dans le pire des cas, deux clients vivant une situation identique se verront traiter différemment selon qu'ils font affaires avec le dirigeant de l'entreprise ou un employé. Il faut à tout prix éviter ce genre de situation.

Il est fortement suggéré de rédiger un manuel contenant toutes les politiques de votre entreprise et de le mettre à la disposition de votre personnel. Vous rédigerez vos procédures en suivant ces six étapes :

* Donnez-lui un nom clair, auquel il sera facile de se référer si un problème se présente. Mieux vaut l'appeler «Procédure d'ouverture d'un compte client» que «Procédure ABC-143».
* Dressez une liste claire et précise des gestes à poser. Par exemple, quels documents faire remplir et signer au moment de l'ouverture d'un compte client.
* Si la procédure comprend l'utilisation d'un formulaire, il faut concevoir celui-ci pour qu'il soit facile à remplir et prévoir suffisamment d'espace pour inscrire tous les renseignements nécessaires.
* Les données requises. Quels renseignements sont essentiels à la démarche? Doit-on inscrire le nom et l'adresse du client, son numéro de téléphone, son numéro de facture ou doit-il avoir sur lui son reçu de caisse?
* Précisez le cheminement du formulaire. Par exemple, que doit-on faire avec le formulaire de dépôt d'une plainte, une fois qu'il est rempli?
* Définir le degré de latitude. L'employé doit-il obtenir une autorisation ou faire signer un formulaire avant de procéder?

L'évaluation des politiques et des procédures
Chaque procédure doit être analysée à la lumière de la démarche de satisfaction de la clientèle.

Si une politique ou une procédure constitue une entrave à la satisfaction (rappelez-vous de l'exemple de retour de vêtement), elle doit être révisée. Tout en vous assurant d'un bon contrôle de ce qui se passe dans votre entreprise, vos politiques doivent faciliter la vie de vos employés et celles de tous vos clients.

Les équipements et les aménagements

Vos équipements ou vos aménagements peuvent également nuire à la qualité de l'expérience d'achat de vos clients. C'est pourquoi votre démarche doit également comprendre une réévaluation de ces deux éléments.

En guise d'exemple, nous vous suggérons huit secteurs d'intervention, mais il en existe plus.

L'aire de vente
Votre aire de vente doit «parler» aux clients en faisant appel à leurs cinq sens. Assurez-vous qu'elle leur donne le goût d'acheter et qu'ils s'y retrouvent facilement. Pour en savoir plus à ce sujet, consultez *Le marchandisage*, un autre guide de gestion paru dans cette collection.

Les salles d'essayage
Elles doivent être propres. Mais assurez-vous également qu'elles sont conçues pour votre clientèle. Par exemple, si vous vous spécialisez dans les vêtements pour tailles fortes et que vos cabines d'essayages ont été aménagées pour minimiser l'espace utilisé, l'essayage d'un vêtement viendra vite gâcher l'expérience d'achat de vos clients.

Les conditions physiques de travail
S'il fait -30 °C dans votre entrepôt l'hiver, les marchandises seront manipulées plus brusquement que si vos livreurs n'avaient pas les doigts gelés. Si la salle de repos des employés est mal aérée, le repos qu'ils y trouveront ne sera pas régénérateur. Les conditions physiques de travail affectent le rendement et l'humeur de vos employés. Assurez-vous qu'elles ne viennent pas saboter les efforts que vous fournissez pour mettre de l'avant une démarche de qualité du service.

Les ordinateurs et les logiciels
Ce sont de merveilleuses machines en autant qu'on sait et qu'on peut s'en servir. Assurez-vous qu'un appareil soit à la disposition de ceux qui en ont besoin et que ces personnes possèdent la formation nécessaire pour s'en servir de façon adéquate et efficace.

Les systèmes téléphoniques
Les systèmes téléphoniques sont de plus en plus complexes. Veillez à ce que tous les membres de votre personnel les maîtrisent et à ce qu'il y ait suffisamment de postes pour améliorer le rendement de chacun. Par exemple, une liaison téléphonique directe avec l'entrepôt, parce qu'elle permet d'accélérer leur travail, peut rapidement améliorer le rendement de vos vendeurs.

De plus, pourquoi ne pas offrir une ligne 800 ou 888 (sans frais) à tous vos clients qui appellent d'une région éloignée. Beaucoup ne commanderont pas s'ils doivent payer les frais d'interurbain chaque fois qu'ils vous appellent. Rendez-leur la vie facile.

Le registre d'inventaire
Les vendeurs sont-ils en mesure de déterminer, rapidement et avec précision, quelles sont les quantités en inventaire, les quantités déjà vendues et les quantités disponibles pour la vente? S'ils n'en sont pas capables, il y a de fortes chances que des erreurs soient commises et que celles-ci provoquent de l'insatisfaction chez votre client.

Les formulaires
Il est important que tous les employés sachent comment utiliser les formulaires qui leur servent dans le cadre normal de leurs fonctions. Les clients n'aiment pas qu'on les rappelle parce que la demande de crédit n'a pas été signée ou parce qu'on a oublié de demander leur numéro de facture. Si le formulaire que vous utilisez actuellement est incomplet, assurez-vous de corriger cet état de chose.

La salle d'attente
Si vous disposez d'une salle d'attente, faites en sorte qu'elle soit confortable et utilisez-la pour augmenter votre crédibilité. Installez un babillard où vous afficherez les commentaires de satisfaction de votre clientèle et vos certificats d'appartenance à des associations professionnelles. Assurez-vous également d'y diffuser une petite musique, question de donner un peu d'intimité à chacun en couvrant les conversations des autres clients.

L'équilibre

Profitez du fait que vous révisez votre aménagement pour vous assurer qu'il vous permet également de réduire les risques de vols à l'étalage.

À cet effet, jetez un coup d'œil à un autre guide de gestion de cette collection : «La sécurité».

Vous devez viser un juste équilibre entre la qualité de l'expérience du client et la baisse du vol à l'étalage.

Et les employés dans tout ça?

N'oubliez personne!

Vous pouvez être tenté de négliger vos employés à temps partiel quand vient le temps de mettre sur pied votre programme de formation.

Ne succombez pas à la tentation! Les employés à temps partie sont en contact avec vos clients et doivent être aussi professionnels que vos employés à temps plein.

Rappelez-vous quels sont les coûts de la non-qualité. Un employé à temps partiel mal formé peut vous faire perdre, à moyen terme, une véritable petite fortune.

Votre personnel étant essentiel à la mise en œuvre d'un service personnalisé, l'engagement de qualité du service que vous avez pris ne peut réussir que dans la mesure où vous faites participer votre personnel et que vous vous assurez qu'il est à la hauteur de vos attentes.

La communication est essentielle à la participation de vos employés. L'ensemble du personnel doit donc être conscient des objectifs de l'entreprise en matière de qualité du service et connaître les attentes des clients externes, l'énoncé de mission de l'entreprise, la stratégie de service choisie, la promesse qui sera communiquée aux clients externes et le plan annuel d'amélioration du service.

Les employés ne doivent pas se sentir comme des subalternes à qui l'on impose une démarche, mais bien comme des partenaires dont la participation est requise pour permettre à l'entreprise de continuer à progresser.

Pour être certain que vos employés sont à la hauteur des défis qui vous attendent, vous devez également vous assurer qu'ils sont suffisamment formés. Vous trouverez ci-dessous une liste des thèmes de formation qui peuvent améliorer, à très court terme, la satisfaction de vos clients. Nous vous présentons, dans la colonne de droite, les avantages de chacun.

Les conditions de succès

La démarche de qualité du service ne peut être réalisée sans les facteurs de succès suivants :

- La mise sur pied d'un comité de service. Il est recommandé de créer un comité de qualité du service qui aura pour mandat d'amorcer la démarche et d'en assurer le déroulement. Idéalement, ce comité devrait réunir des employés en provenance de tous les secteurs de votre entreprise (vente, livraison, administration).

- L'engagement de la haute direction. Nous avons déjà mentionné que vous êtes *la* référence. Ne soyez pas un adepte du «Faites ce que je dis, pas ce que je fais.» Donnez l'exemple, impliquez-vous, suivez de près les rapports de progression et les sondages de satisfaction de la clientèle. C'est dans les gestes, plus que dans les paroles, qu'ils verront jusqu'à quel point vous êtes sérieux.

- La mobilisation de l'équipe, de la conception à la mise en œuvre. C'est l'assurance que le projet sera soutenu par une majorité d'acteurs. Une communication efficace et une approche participative vous seront d'ailleurs d'un précieux apport à ce chapitre.

- Un budget approprié et un calendrier précis. Sans ces éléments, personne ne croira que vous êtes sérieux dans votre démarche.

Formations	Objectifs
Politiques et procédures de l'entreprise	Rendre les employés plus autonomes
Connaissance des produits	Convaincre lors d'une vente
Marchandisage	Épater les clients
Gestion des stocks	Améliorer le retour sur l'investissement dans les stocks
Gestion financière	Mieux planifier
Comptabilité	Mieux contrôler
Publicité et promotion	Attirer plus de clients
Systèmes d'achat	Obtenir de meilleurs prix
Informatique	Tirer le maximum des outils informatiques.
Leadership	Répondre aux attentes des clients
Techniques de vente	Donner de l'assurance

Les mécanismes d'évaluation

Quand vous décidez de peinturer un mur, vous le faites et c'est réglé. Il ne reprendra pas sa couleur précédente parce que vous ne vous occupez plus de lui.

Il en va autrement du service à la clientèle. Étant donné qu'il s'agit d'un bien non durable et intangible, ce n'est pas parce que tout va bien aujourd'hui qu'il en sera de même demain. **Contrairement au mur à peinturer, la qualité du service constitue un défi quotidien.**

Vous devez donc vous doter de mécanismes de rétroaction qui vous permettront d'évaluer régulièrement la qualité de vos services et qui vous aideront à apporter des correctifs à la démarche si des difficultés se présentent.

Voici quatre moyens de réagir rapidement et de vous assurer que votre démarche se poursuit correctement.

La mise en place de mécanismes d'évaluation

Vous pouvez utiliser des cartes de satisfaction, faire parvenir à vos clients des sondages de satisfaction, tenir à jour un registre des retours de marchandise ou des plaintes déposées, appeler systématiquement tous vous clients pour vous assurer qu'ils ont apprécié leur expérience d'achat.

De nombreux outils sont disponibles mais vous devez les mettre en place en même temps que vous lancez votre programme de qualité du service.

Des indicateurs de performance adéquats

Les outils dont nous venons de traiter vous permettront de créer des indicateurs de performance. Mais il importe de ne pas mesurer n'importe quoi. Si vous ne souhaitez pas être enterré sous les statistiques, il faut mesurer ce que vous souhaitez modifier et choisir des indicateurs de performance adéquats.

Voici quelques indicateurs de performance qui vous aideront à déterminer, selon qu'ils sont en hausse ou en baisse, si vous vous approchez ou vous vous éloignez de vos objectifs.

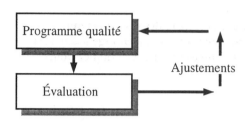

Une rétroaction régulière vous permet de mesurer les écarts et de procéder aux ajustements nécessaires.

- Le nombre de clients qui franchissent la porte chaque jour.
- La fréquence des visites de chaque client.
- L'achat moyen par client.
- Le nombre de plaintes déposées chaque mois.
- Le nombre de remboursements effectués chaque mois.
- L'augmentation du nombre de clients qui achètent.
- L'augmentation du nombre de clients qui, dans les sondages, se déclarent satisfaits de tel ou tel élément de notre concept de service.

L'évaluation sur une base régulière

L'évaluation de la satisfaction de la clientèle ne doit pas seulement être effectuée une fois par année, par acquit de conscience. Ce travail doit être fait toute l'année. C'est à cette seule condition que vous pourrez évaluer l'amélioration ou la détérioration de vos performances et que vous pourrez redresser la barre.

La participation des employés à la démarche

Demandez à vos employés de compiler eux-mêmes les sondages, de faire ressortir les tendances, de comparer ces tendances avec les objectifs à atteindre et de trouver les moyens de redresser les performances jugées insatisfaisantes. Si vous écoutez vos employés avec respect, ils vous suivront pas à pas dans cette démarche.

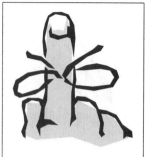

Une démarche ou un état?
À ce stade, vous pouvez être tenté de vous demander combien de temps sera nécessaire avant que la démarche de qualité du service soit entièrement terminée.

En vérité, elle ne sera jamais terminée. La démarche de qualité du service est une démarche continue plus qu'un état définitif. Les attentes des clients évoluent, la technologie progresse et il y a toujours un moyen d'améliorer une dimension de votre offre.

Vous ne vous engagez pas dans une démarche limitée dans le temps. Vous vous engagez envers vos clients. Et cet engagement n'a pas de fin.

Bloc d'activités

Voici qui termine ce quatrième bloc d'information sur la qualité des services à la clientèle.

Vous trouverez dans les pages qui suivent des suggestions d'activités qui vous permettront d'entreprendre votre démarche.

Bon succès dans l'élaboration de celle-ci!

1. Dressez une liste des processus qui, d'après vous, auraient avantage à être révisés dans votre entreprise. Indiquez pourquoi.

_____

_____

_____

_____

_____

2. Rédigez une procédure d'échange de produits défectueux.

a) Le nom de la procédure :

_____

_____

b) Dressez une liste des gestes à faire lors de cette procédure.

_____

_____

_____

_____

_____

c) Cette procédure comprend-elle l'utilisation d'un formulaire? Lequel?

_____

_____

d) Quelles sont les données requises au moment de l'échange d'un produit défectueux?

_____

_____

e) Quel cheminement le formulaire suit-il une fois rempli?

_____

_____

f) L'employé doit-il obtenir une permission quelconque avant de procéder? Laquelle?

_____

_____

_____

3. La lecture de la page 28 vous a-t-elle fait penser à des modifications que vous devriez apporter à vos équipements ou à vos aménagements?

_____

_____

_____

4. Quels indicateurs de performance seraient, selon vous, les plus appropriés dans le domaine où vous œuvrez?

_____

_____

_____

5. À quelles réactions de votre personnel vous attendez-vous lorsque vous mettrez tout ce processus en œuvre?

_____

_____

Suggestions d'activités

Débat lors d'une prochaine réunion

Faites inscrire à l'ordre du jour de votre prochaine rencontre une activité de groupe. Le jour de la rencontre, respectez les étapes suivantes :

1. Photocopiez les pages 5 et 6 de ce guide.

2. Faites des groupes non homogènes de quatre à six personnes. Ne permettez pas, par exemple, que les livreurs soient tous ensemble, que les vendeurs soient tous ensemble ou que le personnel administratif s'isole. Favorisez la variété dans les groupes.

3. Présentez l'activité de la façon suivante: «Vous avez été divisés en groupes. Je vais maintenant vous distribuer un texte où vous ferez connaissance avec Marylène, une cliente qui veut s'acheter un nouvel ordinateur. Commencez par lire le texte individuellement avant de répondre aux questions en groupe. Dans 20 minutes, un représentant de chaque groupe livrera vos réponses.»

4. Distribuez les photocopies et rappelez les délais.

5. Pendant que les groupes étudient la mise en situation, restez disponible au cas où certains n'auraient pas compris ce qui est attendu d'eux.

6. Rappelez, à quatre minutes de la fin, que chaque groupe doit nommer un représentant pour présenter ses conclusions.

7. Annoncez la fin du travail de groupe et demandez à chaque représentant des groupes de présenter les conclusions.

8. Encouragez les échanges, puis demandez comment la performance de votre organisation pourrait être améliorée.

Une activité de groupe

Cette activité vous aidera à évaluer la perception des membres de votre organisation face au service offert à la clientèle.

1. Faites autant de photocopies de la page suivante que vous aurez de participants à la prochaine réunion.

2. Commencez l'activité en demandant à tout le monde de répondre par vrai ou faux aux 25 questions qui s'y trouvent.

3. Demandez aux participants de s'accorder un point pour chaque question où ils ont répondu «vrai».

4. Faites un premier tour de table et demandez aux gens combien de points ils ont obtenu. Prenez note du résultat le plus faible et du résultat le plus élevé.

5. Mentionnez que vous y gagnerez tous en comprenant l'écart noté au point précédent. Entreprenez un autre tour de table où chacun devra indiquer à quelles questions il a répondu «faux». Demandez aux participants de justifier leurs réponses. Encouragez la discussion.

6. Tout au long de l'activité, restez respectueux des opinions avancées par chacun des participants. Vous n'êtes pas là pour juger qui que ce soit. Ce que vous souhaitez faire, c'est simplement comprendre la perception de chacun.

La lecture de ce guide de gestion

Ce guide de gestion ne devrait pas être rangé dans votre bibliothèque une fois votre lecture terminée. Le savoir et les habiletés qui y sont présentés doivent être partagées par tous les membres de votre entreprise si vous voulez en tirer le maximum.

Laissez-le traîner dans la salle des employés. Chacun y puisera, au hasard des lectures, ce dont il a besoin pour devenir plus efficace et, rapidement, votre entreprise s'en trouvera renforcée.

Vous sentez que les membres de votre entreprise auraient avantage à se questionner sur la manière dont sont gérées les notions de service et de satisfaction dans votre entreprise?

Voici quelques activités qui vous aideront à lancer le débat.

Le questionnaire

Voici un outil de gestion qui vous permettra d'évaluer la capacité de votre entreprise à satisfaire ses clients.

Faites des photocopies de cette fiche d'évaluation et demandez à chaque employé ou partenaire de le remplir en répondant par «vrai» ou «faux» à chacun des énoncés.

Vous pourrez, par la suite, analyser les résultats ou, en animant l'activité présentée à la page 32, faire jaillir de nouvelles idées d'amélioration.

1. Notre publicité donne un portrait juste de notre entreprise.   Oui ❑   Non ❑

2. Nous n'annonçons jamais de produits que nous n'avons pas en stock.   Oui ❑   Non ❑

3. Nous répondons rapidement au téléphone.   Oui ❑   Non ❑

4. Nous répondons avec professionalisme au téléphone.   Oui ❑   Non ❑

5. Nos vitrines sont toujours propres et invitantes.   Oui ❑   Non ❑

6. Nos vitrines ne font pas de fausses promesses. Elle réflètent ce que nous avons à l'intérieur du commerce.   Oui ❑   Non ❑

7. Le client sait, dès son arrivée, qu'il est le bienvenu chez nous.   Oui ❑   Non ❑

8. Notre politique de prix est concurrentielle.   Oui ❑   Non ❑

9. Nos étiquettes sont claires et ne portent pas à confusion.   Oui ❑   Non ❑

10. Nos étiquettes rendent nos vendeurs plus efficaces.   Oui ❑   Non ❑

11. Notre personnel maîtrise à la perfection les terminaux de paiement.   Oui ❑   Non ❑

12. Notre politique de crédit est claire et facile à comprendre.   Oui ❑   Non ❑

13. Le passage à la caisse est rapide et cordial.   Oui ❑   Non ❑

14. Nos livreurs sont efficaces et ne quittent le client que lorsqu'il est satisfait.   Oui ❑   Non ❑

15. Nous ne faisons jamais de promesses qui ne peuvent être tenues.   Oui ❑   Non ❑

16. Tous nos employés savent quoi faire devant un client mécontent.   Oui ❑   Non ❑

17. Nous nous employons à diminuer le nombre de plaintes.   Oui ❑   Non ❑

18. Nous mesurons régulièrement la satisfaction des clients.   Oui ❑   Non ❑

19. Nos vendeurs connaissent bien les produits qu'ils vendent.   Oui ❑   Non ❑

20. Nos vendeurs écoutent avec respect les objections des clients.   Oui ❑   Non ❑

21. Il est facile pour les clients de s'orienter dans notre commerce.   Oui ❑   Non ❑

22. La mission de notre entreprise est connue de tous les employés.   Oui ❑   Non ❑

23. Nos vendeurs connaissent les quantités en stock.   Oui ❑   Non ❑

24. Nos vendeurs connaissent les quantités commandées.   Oui ❑   Non ❑

25. Nous connaissons le taux de satisfaction de notre clientèle.   Oui ❑   Non ❑

Adapté de *Faites sonner la caisse!!!*

Ce guide en bref

A. Les notions de base

- Mis à part la qualité de la relation que vous offrez, tous les avantages concurrentiels que vous êtes susceptible d'offrir risquent d'être rapidement copiés par vos concurrents.
- Un client vaut plus que ce qu'il achète aujourd'hui.
- Un client satisfait réduit vos coûts de publicité, réduit vos risques d'affaires et vous attire de nouveaux clients.
- 96 % des clients insatisfaits ne disent rien mais 90 % n'achèteront plus au même endroit.
- Les consommateurs insatisfaits raconteront leurs mésaventures à au moins 13 personnes.
- Le client mesure sa satisfaction en comparant son expérience d'achat avec ses attentes.
- Il faut cinq fois plus de temps, d'argent et d'efforts pour attirer un nouveau client que pour garder un client existant.

B. Le processus

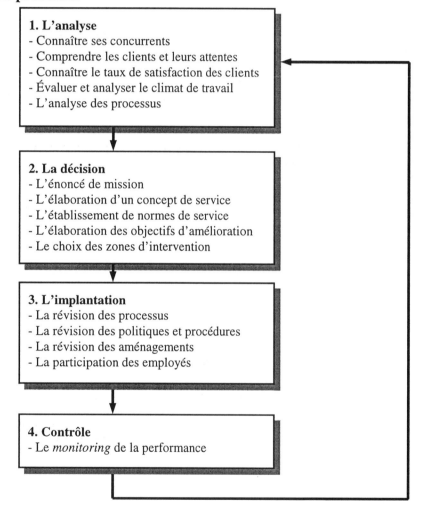

1. L'analyse
- Connaître ses concurrents
- Comprendre les clients et leurs attentes
- Connaître le taux de satisfaction des clients
- Évaluer et analyser le climat de travail
- L'analyse des processus

2. La décision
- L'énoncé de mission
- L'élaboration d'un concept de service
- L'établissement de normes de service
- L'élaboration des objectifs d'amélioration
- Le choix des zones d'intervention

3. L'implantation
- La révision des processus
- La révision des politiques et procédures
- La révision des aménagements
- La participation des employés

4. Contrôle
- Le *monitoring* de la performance

C. Les facteurs de succès

- La mise en place de mécanismes d'évaluation
- Des indicateurs de performance adéquats
- Une évaluation régulière des progrès accomplis
- La participation des employés à la démarche

Vous voici au terme de votre lecture. Nous espérons que vous l'avez appréciée.

Mais ne vous arrêtez pas là! Mettez en pratique, dès aujourd'hui, ce que vous avez lu et ajoutez immédiatement à votre agenda une nouvelle lecture dans approximativement un mois.

Vous pourrez alors faire le point sur les concepts que vous avez intégrés et sur les compétences qu'il vous reste à maîtriser.

Bon travail!

Vous souhaitez en savoir davantage? Le contenu de ce guide de gestion a été largement inspiré du document d'accompagnement ainsi que du volume intitulé «Qualité totale, secteurs du commerce et des services», dont vous retrouvez la référence bibliographique dans la liste des suggestions de lecture.

Suggestions de lecture

De nombreux ouvrages traitent, directement ou indirectement, des thèmes abordés dans ce guide de gestion. Parmi ceux-ci :

⇒ Dubuc, Yvan, *La passion du client, viser l'excellence du service*, Éditions Transcontinental et Fondation de l'Entrepreneurship, Montréal, Charlesbourg, 1993, 210 pages.

⇒ Groupe de concertation sur la qualité et ministère de l'Industrie, du Commerce, de la Science et de la Technologie, *Qualité totale, secteur du commerce et des services*, guide d'implantation et vidéocassette, 1993.

⇒ Groupe Innovation, *Réinventer l'esprit de service dans nos organisations*, 1997.

⇒ Lacombe, D. et S. Pinet, *Accroître la qualité du service à la clientèle : un guide pratique*, Stratégie, 1994.

⇒ Ministère de l'Industrie, du Commerce, de la Science et de la Technologie. *La qualité du service à la clientèle* (document distribué lors de la session du même nom), Gouvernement du Québec, 155 pages.

⇒ Samson, Alain, *Communiquez! Négociez! Vendez!*, Éditions Transcontinental et Fondation de l'Entrepreneurship, Montréal, Charlesbourg, 1996, 268 pages.

⇒ Samson, Alain, *J'ouvre mon commerce de détail*, Éditions Transcontinental et Fondation de l'Entrepreneurship, Montréal, Charlesbourg, 1996, 261 pages.

Vous trouverez également, dans cette collection, d'autres guides pratiques qui vous aideront à mieux gérer l'expérience d'achat de vos clients.

⇒ *L'art de négocier*
⇒ *La gestion de la force de vente*
⇒ *Le marketing*
⇒ *Le marchandisage*

Les bonnes adresses

⇒ Le ministère de l'Industrie, du Commerce, de la Science et de la Technologie présente régulièrement des sessions de formation sur la qualité du service à la clientèle. N'hésitez pas à nous contacter.
⇒ Vous pouvez également taper le mot «qualité» dans un outil de recherche sur le réseau Internet.

Les guides de gestion en un coup d'œil

Ces guides de gestion s'adressent-ils à vous?

	Services		Manufacturier	Détaillant	Entreprise technologique
	Entreprises	Personnes			
Guides de base					
1. La gestion du temps	oui	oui	oui	oui	oui
2. L'art de négocier	oui	oui	oui	oui	oui
3. La comptabilité de gestion	oui	oui	oui	oui	oui
4. La gestion financière	oui	oui	oui	oui	oui
5. La gestion des ressources humaines	oui	oui	oui	oui	oui
Guides complémentaires					
6. Le marketing	oui	non	oui	non	non
7. La vente et sa gestion	oui	non	oui	non	oui
8. La gestion de la force de vente	non	oui	non	oui	non
9. Le marchandisage	non	non	oui*	oui	non
10. La publicité et la promotion	non	oui	non	oui	non
11. L'exportation	oui	non	oui	non	oui
12. La gestion des opérations	oui**	non	oui	non	oui***
13. La gestion des stocks	non	non	non	oui	non
14. Les mesures légales et la réglementation	oui	oui	oui	oui	oui
15. La sécurité	non	non	non	oui	non
16. La qualité des services à la clientèle	oui	oui	oui	oui	oui
17. Le marketing d'un produit technologique	non	non	non	non	oui

*   S'applique aux produits de consommation.
**   S'applique aux entreprises qui opèrent dans des secteurs comme l'usinage et la remise à neuf des composantes, de moteurs et autres engins.
*** S'applique aux entreprises du secteur manufacturier.

Collection Entreprendre

Comment gagner la course à l'exportation
Georges Vigny
200 pages • 1997 • 27,95 $

La révolution du Savoir dans l'entreprise
Fernand Landry
168 pages • 1997 • 24,95 $

Comment faire un plan de marketing stratégique
Pierre Filiatrault
200 pages • 1997 • 24,95 $

Devenez entrepreneur 2.0 (version sur cédérom)
Plan d'affaires
Alain Samson, en collaboration avec Paul Dell'Aniello
1997 • 69,95 $

Devenez entrepreneur 2.0 (version sur disquettes)
Plan d'affaires
Alain Samson
4 disquettes • 1997 • 39,95 $

Profession: travailleur autonome
Sylvie Laferté et Gilles Saint-Pierre
272 pages • 1997 • 24,95 $

Réaliser son projet d'entreprise
Louis Jacques Filion et ses collaborateurs
268 pages • 1997 • 27,95 $

Des marchés à conquérir
Guatemala, Salvador, Costa Rica et Panama
Pierre R. Turcotte
360 pages • 1997 • 44,95 $

La gestion participative
Mobilisez vos employés!
Gérard Perron
212 pages • 1997 • 24,95 $

Comment rédiger son plan d'affaires
À l'aide d'un exemple de projet d'entreprise
André Belley, Louis Dussault, Sylvie Laferté
276 pages • 1996 • 24,95 $

J'ouvre mon commerce de détail
24 activités destinées à mettre toutes les chances de votre côté
Alain Samson
240 pages • 1996 • 29,95 $

Communiquez! Négociez! Vendez!
Votre succès en dépend
Alain Samson
276 pages • 1996 • 24,95 $

La PME dans tous ses états
Gérer les crises de l'entreprise
Monique Dubuc et Pierre Levasseur
156 pages • 1996 •21,95 $

La gestion par consentement
Une nouvelle façon de partager le pouvoir
Gilles Charest
176 pages • 1996 • 21,95 $

La formation en entreprise
Un gage de performance
André Chamberland
152 pages • 1995 • 21,95 $

Profession: vendeur
Vendez plus... et mieux !
Jacques Lalande
140 pages • 1995 • 19,95 $

Virage local
Des initiatives pour relever le défi de l'emploi
Anne Fortin et Paul Prévost
275 pages • 1995 • 24,95 $

Des occasions d'affaires
101 idées pour entreprendre
Jean-Pierre Bégin et Danielle L'Heureux
184 pages • 1995 • 19,95 $

Comment gérer son fonds de roulement
Pour maximiser sa rentabilité
Régis Fortin
186 pages • 1995 • 24,95 $

Naviguer en affaires
La stratégie qui vous mènera à bon port!
Jacques P.M. Vallerand et Philip L. Grenon
208 pages • 1995 • 24,95 $

Des marchés à conquérir
Chine, Hong Kong, Taiwan et Singapour
Pierre R. Turcotte
300 pages • 1995 • 29,95 $

De l'idée à l'entreprise
La République du thé
Mel Ziegler, Patricia Ziegler et Bill Rosenzweig
364 pages • 1995 • 29,95 $

Entreprendre par le jeu
Un laboratoire pour l'entrepreneur en herbe
Pierre Corbeil
160 pages • 1995 • 19,95 $

Donnez du pep à vos réunions
Pour une équipe performante
Rémy Gagné et Jean-Louis Langevin
128 pages • 1995 • 19,95 $

Marketing gagnant
Pour petit budget
Marc Chiasson
192 pages • 1995 • 24,95 $

Faites sonner la caisse!!!
Trucs et techniques pour la vente au détail
Alain Samson
216 pages • 1995 • 24,95 $

En affaires à la maison
Le patron, c'est vous!
Yvan Dubuc et Brigitte Van Coillie-Tremblay
344 pages • 1994 • 26,95 $

Le marketing et la PME
L'option gagnante
Serge Carrier
346 pages • 1994 • 29,95 $

Développement économique
Clé de l'autonomie locale
Sous la direction de Marc-Urbain Proulx
368 pages • 1994 • 29,95 $

Votre PME et le droit (2e édition)
Enr. ou inc., raison sociale, marque de commerce et le nouveau Code Civil
Michel A. Solis
136 pages • 1994 • 19,95 $

Mettre de l'ordre dans l'entreprise familiale
La relation famille et entreprise
Yvon G. Perreault
128 pages • 1994 • 19,95 $

Pour des PME de classe mondiale
Recours à de nouvelles technologies
Sous la direction de Pierre-André Julien
256 pages • 1994 • 29,95 $

Famille en affaires
Pour en finir avec les chicanes
Alain Samson en collaboration avec Paul Dell'Aniello
192 pages • 1994 •24,95 $

Profession: entrepreneur
Avez-vous le profil de l'emploi ?
Yvon Gasse et Aline D'Amours
140 pages, 1993 • 19,95 $

Entrepreneurship et développement local
Quand la population se prend en main
Paul Prévost
200 pages • 1993 • 24,95 $

Comment trouver son idée d'entreprise (2e édition)
Découvrez les bons filons
Sylvie Laferté
159 pages • 1993 • 19,95 $

L'entreprise familiale (2e édition)
La relève, ça se prépare!
Yvon G. Perreault
292 pages • 1993 • 24,95 $

Le crédit en entreprise
Pour une gestion efficace et dynamique
Pierre A. Douville
140 pages • 1993 • 19,95 $

La passion du client
Viser l'excellence du service
Yvan Dubuc
210 pages • 1993 • 24,95 $

Entrepreneurship technologique
21 cas de PME à succès
Roger A. Blais et Jean-MarieToulouse
416 pages • 1992 • 29,95 $

Devenez entrepreneur (2e édition)
Pour un Québec plus entrepreneurial
Paul-A. Fortin
360 pages • 1992 • 27,95 $

Les secrets de la croissance
4 défis pour l'entrepreneur
Sous la direction de Marcel Lafrance
272 pages • 1991 • 19,95 $

Correspondance d'affaires
Règles d'usage françaises et anglaises et 85 lettres modèles
Brigitte Van Coillie-Tremblay, Micheline Bartlett et Diane Forgues-Michaud
268 pages • 1991 • 24,95 $

Relancer son entreprise
Changer sans tout casser
Brigitte Van Coillie-Tremblay , Marie-Jeanne Fragu
162 pages • 1991 • 24,95 $

Autodiagnostic
L'outil de vérification de votre gestion
Pierre Levasseur, Corinne Bruley et Jean Picard
146 pages • 1991 • 16,95 $

La réponse aux besoins de votre entreprise

Montréal centre-ville
1, Place Ville-Marie, Mezzanine I, Montréal, (Québec). Tél. : (514) 874-2370
1134, rue Sainte-Catherine Ouest, 7ᵉ étage, Montréal (Québec). Tél. : (514) 874-3191
7717, boul. Newman, LaSalle (Québec). Tél. : (514) 368-0288
351, avenue Laurier Ouest, bureau 300, Montréal (Québec). Tél. : (514) 495-5919
360, rue Saint-Jacques Ouest, Montréal (Québec). Tél. : (514) 874-3477

Ouest de Montréal
3900, chemin Côte-Vertu, bureau 101, Saint-Laurent (Québec). Tél. : (514) 856-8600
610, boul. Saint-Jean, Pointe-Claire (Québec). Tél. : (514) 630-8414

Est de Montréal
7151, rue Jean-Talon Est, 8ᵉ étage, Anjou (Québec). Tél. : (514) 493-5858
31, rue Iberville, Berthierville (Québec). Tél. : (514) 836-3741
375, boul. Manseau, Joliette (Québec). Tél. : (514) 752-6320
417, boul. Lacombe, Le Gardeur (Québec). Tél. : (514) 582-5594
8500, boul. Langelier, bureau 200, Saint-Léonard (Québec). Tél. : (514) 328-7384

Rive-Nord
3100, boul. Le Carrefour, bureau 220, Laval (Québec). Tél. : (514) 686-3366
780, boul. Curé-Labelle, Blainville (Québec). Tél. : (514) 433-1140
460, boul. Labelle, bureau 200, Saint-Jérôme (Québec). Tél. : (514) 476-1899

Rive-Sud
43, boul. Saint-Charles Ouest, 2ᵉ étage, Longueuil (Québec). Tél. : (514) 442-5646
7250, boul. Taschereau, bureau 260, Brossard (Québec). Tél. : (514) 923-5100
197, rue Principale, Granby (Québec). Tél. : (514) 375-8106
135, rue Richelieu, Saint-Jean-sur-Richelieu (Québec). Tél. : (514) 358-6005
1050, boul. Casavant Ouest, bureau 1000, Saint-Hyacinthe (Québec). Tél. : (514) 771-3838
857, rue Notre-Dame, Saint-Rémi (Québec). Tél. : (514) 454-3915
169, rue Victoria, Valleyfield (Québec). Tél. : (514) 373-6424

Québec
700, Place d'Youville, Québec (Québec). Tél. : (418) 692-6931
2450-2, boul. Laurier, Sainte-Foy (Québec). Tél. : (418) 654-2418

Québec-Est
327A, boul. Lasalle, Baie-Comeau (Québec). Tél. : (418) 296-3368
36, boul. René-Lévesque Est, Chandler (Québec). Tél. : (418) 689-2225
5415, boul. de la Rive-Sud, Lévis (Québec). Tél. : (418) 838-3640
72, rue Palais-de-Justice, Montmagny (Québec). Tél. : (418) 248-1707
1, rue Saint-Germain Est, Rismouski (Québec). Tél. : (418) 725-6020
12095, 1ʳᵉ Avenue Est, Saint-Georges-de-Beauce (Québec). Tél. : (418) 227-7901
440, rue Brochu, Sept-Îles (Québec). Tél. : (418) 962-9858
118, rue Notre-Dame Est, Victoriaville (Québec). Tél. : (819) 751-6107

Estrie
2665, rue King Ouest, bureau 201, Sherbrooke (Québec). Tél. : (819) 823-4222
77, rue Wellington, Coaticook (Québec). Tél. : (819) 849-9144
1125, boul. Saint-Joseph, Drummondville (Québec). Tél. : (819) 478-6333

Mauricie
303, boul. des Forges, Trois-Rivières (Québec). Tél. : (819) 691-8009
500, rue Commerciale, CP 610, La Tuque (Québec). Tél. : (819) 523-9574

Outaouais/Abitibi
425, boul. Saint-Joseph, Hull (Québec). Tél. : (819) 773-2030
100, rue du Terminus Ouest, Rouyn-Noranda (Québec). Tél. : (819) 764-6121
341, rue Principale, Shawville (Québec). Tél. : (819) 647-2258
689, 3ᵉ Avenue, Val-d'Or (Québec). Tél. : (819) 824-5133

Saguenay–Lac-Saint-Jean
114, rue Racine Est, Chicoutimi (Québec). Tél. : (418) 693-4509
510, rue Sacré-Cœur Ouest, Alma (Québec). Tél. : (418) 662-8505
502, 3ᵉ Rue, Chibougamau (Québec). Tél. : (418) 748-2657
1300, boul. Wallberg, Dolbeau (Québec). Tél. : (418) 276-2750
893, boul. Saint-Joseph, Roberval (Québec). Tél. : (418) 275-1302
1110, boul. Sacré-Cœur, Saint-Félicien (Québec). Tél. : (418) 679-0725